北京市地方标准
《建筑工程资料管理规程》培训辅导读本
（机电工程部分）

张立新　主编

中国建筑工业出版社

图书在版编目（CIP）数据

北京市地方标准《建筑工程资料管理规程》培训辅导读本（机电工程部分）/张立新主编．—北京：中国建筑工业出版社，2010.9

ISBN 978-7-112-12396-4

Ⅰ.①北…　Ⅱ.①张…　Ⅲ.①建筑工程-技术档案-档案管理-管理规程-北京市②机电工程-技术档案-档案管理-管理规程-北京市　Ⅳ.①G275.3-65

中国版本图书馆 CIP 数据核字（2010）第 168980 号

本书是北京市工程建设地方标准《建筑工程资料管理规程》DB11/T 695—2009 的配套参考书，将该规程中机电工程部分的资料表格——填写了样表，对进场检验、隐检、预检等重要资料表格，按照专业进行系统整理分类，如建筑电气工程、智能建筑工程、建筑给水排水及采暖工程、通风与空调工程、电梯工程等，分别填写了多个范例，以方便广大的工程技术人员、资料员参考借鉴。本书具有较强的操作性、实用性和示范性，是建筑施工单位、监理单位、建设单位、设计单位工程技术人员和资料员的必备参考书。

* 　 * 　 *

责任编辑：刘　江　范业庶

责任设计：张　虹

责任校对：马　赛　赵　颖

北京市地方标准《建筑工程资料管理规程》培训辅导读本
（机电工程部分）
张立新　主编

*

中国建筑工业出版社出版、发行（北京西郊百万庄）

各地新华书店、建筑书店经销

北京红光制版公司制版

北京盈盛恒通印刷有限公司印刷

*

开本：787×1092 毫米　1/16　印张：16½　字数：400 千字

2010 年 10 月第一版　　2010 年 10 月第一次印刷

定价：**39.00** 元

ISBN 978-7-112-12396-4

（19678）

本书编写委员会

主　编：张立新

参编咨询专家及单位：

程　越　原益椿　北京市建设工程安全质量监督总站

何占利　孟　霞　北京建工集团有限责任公司

曹裕平　颜刚文　北京城建集团有限责任公司

卫庆阳　王　波　北京住总集团有限责任公司

刘　利　崔常富　北京城乡集团有限责任公司

张彦青　祝　熙　北京市太通建设有限公司

前　言

建筑机电安装工程技术资料是反映机电安装工程在施工过程中各个环节工程质量状况的基本数据和原始记录，是客观公正评价机电安装工程质量的主要依据，是建筑安装工程资料的一部分，是对工程质量进行可追溯性分析的重要技术资料，是企业经营管理的重要组成部分，是项目经理部质量管理的重要方面，它反映了一个企业施工技术管理水平的高低。

北京市地方标准《建筑工程资料管理规程》（DB11/T 695—2009）（简称本规程）是在北京市地方标准《建筑工程资料管理规程》（DBJ 01-51—2003）（简称原规程）使用 7年的基础上进行修订而成的新标准，并于 2010 年 4 月 1 日颁布实施。本规程在编写过程中根据"结合实际、删繁就简、科学管理"的指导原则，对原规程进行了较大的修改，主要的修订是：

第一、原规程第三章"管理职责"修订为"基本规定"，把对各方行为的管理转向对工程资料本身的管理，使之更加符合规程的特性。

第二、删除原规程第四章"工程资料管理"一章，对其内容进行修订后并入其他章节内。

第三、原规程第十一章"验收与移交"中，"验收"的概念不明确，本规程将其修订为"移交归档"。

第四、删除原规程第十二章"计算机管理"一章，其内容修订后并入本规程第三章"基本规定"内。

第五、对原规程中与当前管理不适应的内容进行修订，并补充新的管理要求。

本人受中国建筑工业出版社之邀，组织北京建工集团、北京城建集团、北京住总集团和北京城乡集团等有关机电专家编写北京市地方标准《建筑工程资料管理规程》（机电工程）培训辅导读本一书，该书涵盖了建筑给水排水及采暖工程、通风与空调工程、建筑电气工程、电梯工程和智能建筑工程。其中，电梯工程的表格仍保留原表格的形式，未做变动。希望读者能够尽快掌握规程的要求，正确填写机电安装工程技术资料。

本书在编写过程中，虽经数次修改，但由于水平有限，书中难免会有不妥或错误之处，敬请同行和读者给予指正、赐教。

本书适合于建筑公司、城建档案馆、市政公司、安装公司、房地产开发公司、监理公司的工程技术人员和资料管理人员的工作参考书籍，以及机电安装工程技术资料填写的培训辅导教材。编写委员会为了能够及时得到读者的意见和建议，请读者随时将有关意见和建议反馈到电子邮箱 E-mail：zhanglixin1964@sina.com，以供我们了解读者的意见和建议，更好地提高我们的专业技术水平，更好地为读者服务。

2010 年 8 月

目　　录

第一章
建筑工程技术资料管理

第一节　建筑工程技术资料的管理要求

20 世纪 80 年代前，我国工程建设项目主要是由国家投资，建设单位、监理单位、设计单位、施工单位都是国家基本建设投资计划的组织者、实施者和执行者，他们在工程建设的投资机会分析阶段、可行性研究阶段、设计阶段和建设阶段共同对国家负责，建设单位和施工单位之间并不存在经济责任的关系，所以对工程施工资料的要求相对简单。但是随我国的经济体制由计划经济向市场经济的转变，建设单位、监理单位、设计单位及施工单位相继进入市场，他们之间的关系发生了根本性的变化，变成了以合同为纽带的经济利益关系。随着社会主义市场经济体制的建立和完善，法律所赋予工程建设各方的责任、义务也将越来越明确。

工程建设项目具有一次性投资大，施工管理周期长，涉及责任主体复杂的特点。因此，国家和行业颁布了一系列相关的法律、法规、标准和规范。在工程质量、造价、工期、安全、环保等方面必须满足国家、行业及建设项目所在地区的要求，施工单位必须履行自己应尽的社会责任，保证施工过程中自己的合法权益不受到侵犯。

一、管理目标

（1）工程资料的形成应符合国家相关的法律、法规、施工质量验收标准、工程合同和设计文件的规定。

（2）工程资料要满足评定工程质量、竣工验收以及"结构长城杯"、"竣工长城杯"等评优活动对资料的要求。

（3）工程资料是形成工程档案的重要基础，为日后工程的检查、维护、管理、使用、改建和扩建提供依据。

二、管理组织与职责

1. 工程资料管理组织

工程技术资料实行专业技术负责人制度，总承包及各专业分包单位均成立以项目技术负责人为组长，技术、质量、材料设备、商务等部门相关人员参加的施工资料管理小组。总承包单位和分包单位的资料管理工作设专人负责，并按规定取得相应的岗位资格。

2. 工程资料管理职责

（1）工程资料管理实行分级管理，逐级建立健全施工资料管理岗位责任制。

（2）各单位、各部门、各岗位人员对资料的真实性、保存中的安全性、相互间及时供转、岗位调动时资料的完整性和连续性负责。

（3）总承包单位技术部在技术负责人领导下实施资料管理职能，建立工程资料管理体系，制定资料管理规定和措施；负责技术文件、档案、图纸的收发、报审、传阅、汇总、保管、归档工作；组织相关部门进行工程资料检查；接受建设单位委托组织编制竣工档案和绘制竣工图。

3

（4）总承包单位质量部负责质量报验（包括分部/分项施工、单位工程预验收）、验收（包括检验批质量、分项工程、分部/子分部工程）和评定资料。

（5）总承包单位工程部负责提供基建文件中与施工生产活动有关的资料内容和施工资料中的施工记录部分。

（6）总承包单位物资部按时提供工程物资（包括主要原材料、成品、半成品、构配件、设备等）的产品质量证明文件（质量合格证明、检验/试验报告、产品生产许可证、合格证、进口产品的商检证明等）；与监理单位约定就结构安全、使用功能、建筑外观、环保要求的主要物资进场报验的范围和要求。

（7）总承包单位商务部在签订各类工程（专业）分包、加工订货、材料设备供应等合同或协议时，会同技术部明确资料的填写标准、涉及内容、提供时间、套数（包括原件套数）及费用等问题。

（8）各分包单位是施工资料形成的具体实施者，负责收集和整理自己分包范围内形成的施工资料。

3. 工程资料基本规定

（1）工程资料应真实反映工程质量的实际情况，并与工程进度同步形成、收集和整理。

（2）工程资料应字迹清晰，并有相关人员及单位的签字盖章。

（3）工程参建单位应确保各自资料的真实有效、完整齐全，严禁伪造或故意撤换。

（4）工程资料应为原件。当为复印件时，应加盖复印件提供单位的公章，注明复印日期，并有经手人签字。

（5）工程参建各单位应及时对工程资料进行确认、签字。

（6）工程参建各单位应在合同中对工程资料的编制、套数、费用和移交期限等提出明确要求。合同中对工程资料的技术要求不应低于本规程的规定。

（7）工程竣工图应由建设单位组织编制，可委托施工、监理或设计单位编制。

（8）列入城建档案管理部门接收范围的工程档案，建设单位应在工程竣工验收前，依法提请城建档案管理部门对工程档案进行预验收，取得《建设工程竣工档案预验收意见》，并在工程竣工验收后六个月内，将工程档案移交城建档案馆。

（9）由建设单位采购供应的建筑材料、构配件和设备，建设单位应提供相应的质量证明文件。

（10）工程参建各单位应对本单位形成的工程资料负责管理，并保证工程资料的可追溯性。由多方共同形成的工程资料，各自承担相应的管理责任。

（11）由建设单位发包的专业承包施工工程，分包单位应按本规程的要求，将形成的施工资料直接交建设单位；由总包单位发包的专业承包施工工程，分包单位应按本规程的要求，将形成的施工资料交总包单位，总包单位汇总后交建设单位。

（12）工程资料的收集、整理应有专人负责管理，资料管理人员应经过相应的培训并取得岗位资格证书。

（13）工程资料的形成、收集和整理应采用计算机管理。计算机管理软件所采用的数据格式应符合相关要求，软件功能应符合本规程的要求并经过评审。

4. 工程资料分类与编号

（1）分类

1）工程资料按照其特性和形成、收集、整理的单位不同分为：基建文件、监理资料、施工资料和竣工图。

2）工程资料的主要内容及分类见《建筑工程资料管理规程》（DB 11/T 695—2009）附录 A。

（2）编号

1）基建文件可按文件形成时间的先后顺序和类别，由建设单位确定编号原则。

2）监理资料可按资料形成时间的先后顺序编号。

3）施工资料应按以下形式编号：

$$\underset{1}{\times\times}-\underset{2}{\times\times}-\underset{3}{\times\times}-\underset{4}{\times\times\times}$$

注：1. 为分部工程代号（2 位），按《建筑工程资料管理规程》（DB 11/T 695—2009）附录 C 规定的代号填写；

2. 为子分部工程代号（2 位），按《建筑工程资料管理规程》（DB 11/T 695—2009）附录 C 规定的代号填写；

3. 为资料的类别编号（2 位），按《建筑工程资料管理规程》（DB 11/T 695—2009）附录 A 和《建筑工程资料管理规程》（DB 11/T 695—2009）附录 B 规定的类别编号填写；

4. 为顺序号，按资料形成时间的先后顺序从 001 开始逐张编号。

4）分部工程中每个子分部工程，应根据资料属性不同，按资料形成的先后顺序分别编号；使用表格相同但检查项目不同时应按资料形成的先后顺序分别编号。

5）对按单位工程管理，不属于某个分部、子分部工程的施工资料，其编号中分部、子分部工程代号用"00"代替。

6）同一批物资用在两个以上分部、子分部工程中时，其资料编号中的分部、子分部工程代号按主要使用部位的分部、子分部工程代号填写。

7）资料编号应填写在资料专用表格右上角的资料编号栏中；无专用表格的资料，应在资料右上角的适当位置注明资料编号。

8）由施工单位形成的资料，其编号应与资料的形成同步编写；由施工单位收集的资料，其编号应在收集的同时进行编写。

9）类别及属性相同的施工资料，数量较多时宜建立资料管理目录。管理目录分为通用管理目录和专项管理目录，格式见《建筑工程资料管理规程》（DB 11/T 695—2009）附录 C。

10）资料管理目录的填写要求：

A. 工程名称：单位或子单位（单体）工程名称；

B. 资料类别：资料项目名称，如工程洽商记录、钢筋连接技术、交底等；

C. 序号：按时间形成的先后顺序用阿拉伯数字从 1 开始依次编写；

D. 内容提要：用精练语言提示资料内容；

E. 编制单位：资料形成单位名称；

F. 日期：资料形成的时间；

G. 资料编号：施工资料右上角资料编号中的顺序号；

H. 备注：填写需要说明的其他问题。

三、管理流程

施工单位接到中标通知书后，尽快与建设单位办理接洽手续，并立即组织工程项目经理部，项目经理部专业负责人进入施工现场后，应做好施工前的一切前期准备工作。项目经理部总工程师会同专业技术负责人建立健全技术管理制度和质量管理体系，认真熟悉施工图，编制施工组织设计、施工方案，编制材料设备计划使用表，合理确定资金的使用计划，使工程项目施工科学、合理、有序地进行，使施工过程处于受控状态，实现精品工程。施工技术资料管理流程如图 1-1 所示；施工物资资料管理流程如图 1-2 所示；施工测量、施工记录、施工试验、过程验收及管理资料流程如图 1-3 所示；工程竣工质量验收资料流程如图 1-4 所示。

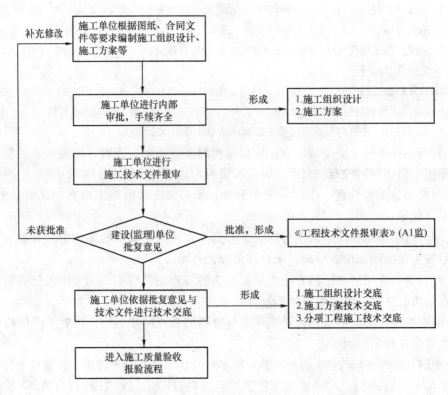

图 1-1　施工技术资料管理流程

四、施工技术资料目标设计

（1）在工程开工前，总承包单位和分包单位根据各自承担施工任务的范围、施工图纸、施工组织设计或施工方案编写施工资料目标设计。

（2）施工技术资料目标设计是施工资料全过程管理的指导性、实施性文件。它从施工资料形成的对象、依据出发，使各级施工资料管理人员明确各自的工作职责，使施工资料管理工作变得条理清晰，从而达到实现资料管理预控的目的。

（3）施工技术资料目标设计的内容包括：编制依据、工程概况、岗位职责、管理措施、目录结构、表格流程、工程量与物资数量分析、质量要求等。

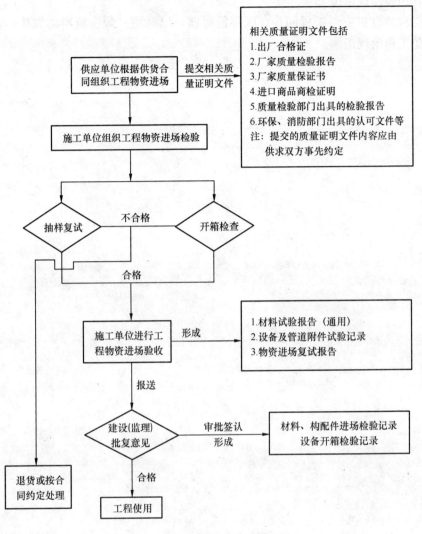

图 1-2　施工物资资料管理流程

（4）审批与交底。资料目标设计编制完成后，要向上一级主管部门或主管领导报审，审批合格后，技术负责人或编制责任人向相关部室、分包单位做资料目标设计交底。

（5）实施与纠偏。在施工过程中，资料按照目标设计理出的脉络形成，并要经常与之进行对照，发现与目标设计差别大的情况，要分析原因，找出问题所在。如是属于目标设计中考虑不周的，要对目标设计及时调整，调整后要重新报审、交底；属于资料整理问题的，要立即改正，预防今后类似情况发生。

五、施工技术资料的形成

施工技术资料的形成过程主要是按以下程序来实现的，主要程序是资料员对施工技术资料进行收集、整理和组卷的过程。

1. 收集

（1）工程资料应尽量收集原件，若为复印件时，必须注明抄件人姓名、抄件时间、原件存放处并加盖存放单位公章。

（2）资料的收集要与工程同步，既不能提前，以杜绝"假"资料的发生；也不能滞后，以避免工作出现遗漏。

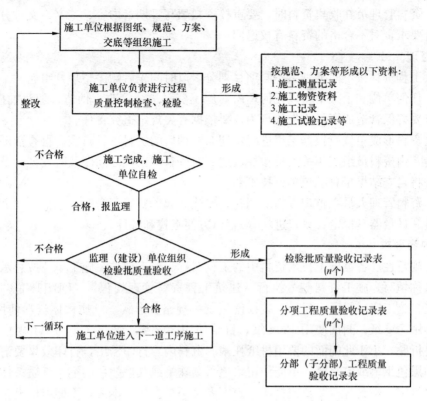

图 1-3　施工测量、施工记录、施工试验、过程验收及管理流程

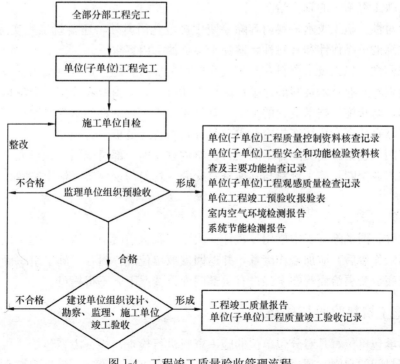

图 1-4　工程竣工质量验收管理流程

（3）资料管理员在收集资料时，要审核资料填写日期、内容、签字、文件分类整理等是否符合要求，对不合格的资料有权退回。

2. 整理

（1）工程资料按不同类别、不同项目划分，以时间先后顺序整理，组卷。

（2）任何单位和个人不得以任何理由对施工资料进行涂改、伪造、随意抽撤和损毁，对不加以妥善保管造成资料丢失的行为，要依据有关规定追究责任。

（3）资料形成单位应根据工程进度定期对整理后的资料进行自查。自查活动由技术负责人负责，由资料员组织相关人员参加，达到对资料中出现的问题及时发现、及时整改的效果。并将自查结果报总承包单位技术部。

（4）资料管理人员在整理资料的同时，要建立起资料管理台账（包括收发文登记、耳验、测量、计量器具检定、物资进场等），以方便查找和统计。

3. 内容要求

（1）规范性。各类施工技术资料中的工程名称、施工部位、施工单位按总承包单位统一规定名称填写。施工资料编号执行《建筑工程资料管理规程》（DB 11/T 695—2009）中的规定。施工资料封面、目录、装帧使用统一规格、形式。纸质载体资料使用复印纸，资料正文用 70g 纸，封面使用 120g 纸，目录使用 80g 纸。纸张大小为 A4 规格，大于此幅面的要折叠，小于此幅面的要用衬纸托裱。资料内容打印输出，打印效果要清晰。手写部分使用黑色钢笔或签字笔，不能使用铅笔、圆珠笔或其他颜色的笔。纸质载体上的签字使用手写签字，不允许盖图章或打印。签字者必须是责任人本人，不能由他人替代。签字要求工整、易认，不得使用艺术字签字。

（2）真实性。施工技术资料内容填写要求完整、准确、及时，无漏项和未尽事项，能够真实地反映工程施工的真实情况。

（3）针对性。施工技术资料内容除要使用规范化语言外，还要就工程实际情况而写，使其具有较高的可操作性和针对性，避免千篇一律、内容空泛。

（4）保密性。施工技术资料在管理过程中，由资料管理员负责收集和整理，各专业技术负责人负责本专业技术资料的完整性的检查和核对，并由专人收集送交项目部资料管理员统一归档，防止施工技术资料的丢失，有利于竣工工程资料的组卷和移交档案馆。技术文件、图纸需存放在专用档案柜内，由项目部资料管理员负责管理。

（5）交圈。包括日期交圈、不同项目资料内容交圈、部位交圈、责任人员交圈、土建专业与其他专业交圈、施工资料与其他资料交圈、资料与现场实际情况交圈、资料内容与目录交圈。

4. 借阅

技术文件、图纸除施工中使用外，任何人不得私自借阅散发给无关的单位和个人。技术文件、图纸作废后，应加盖作废章，并返回发放单位统一封存。施工组织设计、施工方案、设计交底、变更洽商等在未经过有关部门允许情况下，不得拷贝。

六、施工资料验收与移交

（1）总承包单位每月对分包单位的施工资料进行检查，检查内容包括：与工程进度的同步性、资料间的交圈、项目填写是否准确、签字是否齐全等。一旦发现不合格资料告知原因，责令重做。对问题严重且不改正的单位，根据相关规定予以处罚。

（2）主分包单位定期、其他分包单位在承担的一个分项/分部（子分部）工程完工后，技术负责人对本单位形成的施工资料进行审查，在规定时间内组卷装订，经验收合格后，交总承包单位技术部一份保存。

（3）总承包单位在工程竣工验收前，将施工资料整理汇总完成，交建设单位和监理单位验收，并提请建设单位组织城建档案馆进行工程档案预验收，取得《建设工程竣工档案预验收意见》。工程竣工后，在合同约定的时间内与建设单位办理施工资料移交。

七、音像资料

（1）在整个工程中，对施工前的原貌；各施工阶段的关键工序、特殊工序以及有代表性的隐蔽工程；采用的新施工技术和新建筑材料等都要进行摄影。每张照片配有简单的文字说明，能准确说明照片内容，包括照片类型、位置、拍照时间等。

（2）对重要的会议（开工、竣工、验收等）、重大活动（奠基、领导视察等），以及主要施工过程要留有音像资料。音像资料要附有文字性说明。

八、计算机管理

（1）工程资料表格记录、计算、统计等工作应由计算机进行，工程资料收集、整理和查询应采用计算机进行管理，实现工程资料数字化管理。

（2）利用网络提供的信息管理，方便各单位、各部门之间进行信息交流和资源共享。

（3）电子档案按要求标准使之保持与文字资料的共存性，工程竣工后，与纸质载体一起向建设单位提交。

第二节 建筑工程技术资料的编制要求

一、建筑工程技术资料编制的意义

工程建设从项目的提出、筹备、勘探、设计、施工到竣工投产等过程中形成的文件、图纸、图表、计算资料，声像材料等资料，都属于竣工资料收集、整理、归档的范围，是工程质量的技术保证资料。工程技术保证资料的整理和归档是建筑工程必不可少的工作之一。其重要性表现在以下方面：

（1）工程技术保证资料是对建筑实物质量的真实写照，无论是建筑原材料、构配件质量的检验资料，还是分项工程质量评定资料都必须客观地反映实际施工状况。

（2）建筑工程质量管理具有动态相关性，工程技术保证资料成为预先控制的重要依据。这样可以根据数据来协调工作，准确地实现质量目标。

（3）工程技术保证资料是核定工程质量等级的重要依据。验评标准要求，工程技术保证资料必须基本齐全。否则，视为不合格工程，不能交付使用。

（4）工程技术保证资料成为建筑物改建、扩建必不可少的技术依据。

二、建筑工程技术资料编制要求

建筑工程技术资料编制深度总的要求是：

（1）建筑工程技术资料的编制深度应具有可追溯性；

（2）建筑工程技术资料的编制深度应能反映工程的内在质量状态；

（3）建筑工程技术资料的编制深度应能全面、准确反映设计思想；

（4）建筑工程技术资料的编制深度应能反映项目经理部执行国家、行业、企业标准的水平。

工程技术保证资料的整理必须做到及时、真实、完整：

1. 及时性

及时性是做好工程技术保证资料的前提。工程技术保证资料是对建筑实物质量情况的真实反映，因此要求资料必须按照建筑物施工的进度及时整理。同时，及时性还反映在施工企业内部质量的管理上。"自检、互检和交接检"的质量管理体制要求工程技术保证资料的整理必须及时，这是施工时严格控制的"质量环"。质量控制、进度控制和投资控制要求工程技术保证资料的整理必须及时，为控制提供可靠的依据。社会监理机构和政府监督机关也要求施工企业及时整理好工程技术保证资料，以备核查或核定工程质量等级。因此，工程技术保证资料的整理应杜绝拖沓滞后、闭门造车现象和应付突击式的心理。

2. 真实性

真实性是做好工程技术保证资料的灵魂。资料的整理应该实事求是，客观准确，不要为了"偷工减料或省工省料"而隐瞒真相；也不要为"取得较高的工程质量等级"而歪曲事实。所有资料的整理应与施工过程同步。材料使用前必须有合格证和必要的试验报告，采取见证取样送检制度，试验应有见证取样记录。分项工程质量评定必到现场实测检查，不得闭门伪造。

3. 准确性

准确性是做好工程技术保证资料的核心。工程技术保证资料的准确性取决于我们日常的工作态度。分项工程质量评定的填写应规范化。主控项目内容填写应详细具体，不能以"符合要求"、"满足规范"来概而论之。一般项目的每个子项的等级应按合格百分率确定，并且要用文字说明，不可随心所欲地以符号代替。分项工程质量等级应根据一般项目和允许偏差项目的百分率确定。

4. 完整性

完整性是做好工程技术保证资料的基础。不完整的资料将会导致片面性，不能系统地、全面地了解单位工程的质量状况。要保证资料的完整性应设专人及时收集有关工程资料；应根据工程量、批量或批号收集有关工程资料；总承包单位应向分包单位收集相关资料。

总之，工程技术保证资料必须基本齐全，除做到及时性（前提）、真实性（灵魂）、准确性（核心）、完整性（基础）以外，还要符合竣工图纸、资料的整理、编制要求：

（1）资料要签字齐全，字迹清晰，纸质优良，保持整洁。

（2）分类分项明确，封面、目录、清单资料齐全，排列有序，逐页编码。

（3）凡是利用原图编制竣工图的，图面必须达到八成新以上，无油污、无磨损，图、字清晰，并在标题栏右上角空白处加盖竣工图章后方可作为竣工图。竣工图编制人、技术负责人应逐张签字。

（4）对结构、形式、工艺等发生重大变化的，由施工单位按照实际情况绘制竣工图。设计变化不大的，施工单位可将变更部分修改在原施工图上，另盖竣工图章后作为竣工图。

（5）竣工图等资料整理时，必须按工程项目、专业类别和图号组卷，折叠成要求的幅面，露出标题栏，以方便查阅。

（6）图纸、隐蔽工程记录等重要资料，必须用碳素墨水绘制和书写，禁止复写和使用复印件。

（7）文字材料以 A4 纸为准，左边留出 2.5cm 宽的装订线，应用棉线装订。

第三节　建筑工程技术资料的分类与内容

一、工程资料的分类

工程资料应按照不同收集单位、不同资料类别进行分类。分类时，还应兼顾资料的专业划分。

按照上述分类方法，工程资料可以分为 4 类：

（1）基建文件；

（2）监理资料；

（3）施工资料；

（4）竣工图。

二、工程资料的主要内容

1. 基建文件

基建文件由建设单位负责形成。建设单位应当按照基本建设程序进行工作，重视工程资料管理，配备专职或兼职的工程资料管理人员。建设单位的资料管理人员应负责及时收集基本建设程序各个环节所形成的文件资料，并按类别、形成时间进行登记、立卷、保管。工程竣工后，建设单位应按规定进行移交。涉及需要向政府行政主管部门申报的基建文件，应按政府行政主管部门的有关规定执行。

基建文件经归纳可以分为 8 种，具体名称如下：

（1）决策立项文件；

（2）征地拆迁文件；

（3）勘察设计文件；

（4）招标与承包合同文件；

（5）工程开工文件；

（6）商务文件；

（7）竣工验收备案文件；

（8）其他。

2. 监理资料

监理资料由监理单位负责形成。监理单位应当按照监理规程的要求，重视资料管理工作，配备专职或兼职的监理资料管理人员，及时收集各个环节所形成的文件资料，并按类别、形成时间进行登记、立卷、保管。工程竣工后，监理单位应按规定将监理资料移交给建设单位。

监理资料可以分为4种；具体名称如下：

（1）监理管理资料；

（2）监理工作记录；

（3）竣工验收资料；

（4）其他。

3. 施工资料

施工资料内容与种类繁多，应由施工单位负责形成。其中部分资料需要监理、设计、勘察单位签认。施工单位应当按照法律法规和标准规范的要求，高度重视资料管理工作，配备专职的资料管理人员，及时收集各个环节所形成的文件资料，并按类别、形成时间进行登记、立卷、保管。施工中，应按照规定接受有关单位的检查。工程竣工后，施工单位应按规定将施工资料移交给建设单位。

（1）施工管理资料

1）施工管理资料是在施工过程中形成的反映施工组织及监理审批等情况资料的统称。主要内容有：施工现场质量管理检查记录、施工过程中报监理审批的各种报验报审表、施工试验计划及施工日志等。

2）施工现场质量管理检查记录应由施工单位填写，报项目总监理工程师（或建设单位项目负责人）审查，并做出结论。

3）单位工程施工前，施工单位应科学、合理地编制施工试验计划，并报送监理单位。

4）施工日志应以单位工程为记载对象，从工程开工起至工程竣工止，按专业指定专人负责逐日记载，其内容应真实。

（2）施工技术资料

1）施工技术资料是在施工过程中形成的，用以指导正确、规范、科学施工的技术文件及反映工程变更情况的各种资料的总称。主要内容有：施工组织设计及施工方案、技术交底记录、图纸会审记录、设计变更通知单、工程变更洽商记录等。

2）施工组织设计由施工单位编制完成，经企业技术负责人审批并填写工程技术文件报审表，报监理单位批准实施。

3）施工方案编制内容应齐全，有针对性，可根据工程规模大小、技术复杂程度、施工重点部位及施工季节变化等情况分别编制。施工方案应经项目部技术负责人或公司技术部门负责人审批，并填写工程技术文件报审表，报请监理单位批准实施。

4）施工组织设计应由施工单位的技术负责人组织交底；"四新"（新材料、新设备、新技术、新工艺）技术应用及专项施工方案应由项目技术负责人组织交底；分项工程施工方案应由专业工长组织交底。各项交底应有文字记录并有交底双方人员的签字。

5）图纸会审应由建设单位组织，设计、监理和施工单位技术负责人及有关人员参加。设计单位对各专业问题进行交底，施工单位负责将设计交底内容按专业汇总、整理形成图纸会审记录，有关各方签字确认。

（3）施工物资资料

1）机电安装施工物资资料是指反映工程施工所用物资质量和性能是否满足设计和使用要求的各种质量证明文件及相关配套文件的统称。主要内容有：各种质量证明文件、材料及构配件进场检验记录、设备开箱检验记录、设备及管道附件试验记录、设备安装使用说明书、各种材料的进场复试报告等。

2）建筑工程使用的各种主要物资应有质量证明文件。

3）产品质量合格证、型式检验报告、性能检测报告、生产许可证、商检证明、中国强制认证（CCC）证书、计量设备检定证书等均属质量证明文件。

4）涉及消防、电力、卫生、环保等有关物资，须经行政管理部门认可的，应有相应的认可文件。

5）进口材料和设备应有中文安装使用说明书及性能检测报告。

6）国家规定须经强制认证的产品应有认证标志（CCC），生产厂家应提供认证证书复印件，认证证书应在有效期内。

7）施工物资进场后施工单位应对进场物资数量、型号和外观等进行检查，并填写材料及构配件进场检验记录或设备开箱检验记录。

8）施工单位应按国家有关规范、标准的规定对进场物资进行复试或试验，没有专用试验表格的可用本规程提供的材料通用试验表格；规范、标准要求实行见证时，应按规定进行有见证取样和送检。

9）施工物资进场后施工单位应报监理单位查验并签字。

（4）施工记录资料

1）建筑施工记录是施工单位在施工过程中形成的，为保证工程质量和安全的各种内部检查记录的统称。机电安装施工记录主要内容有：隐蔽工程验收记录、交接检查记录、机电工程材料、设备合格证明、性能检测报告、进场检验记录、施工检查记录、试水试压记录、单机试运行记录、联合试运行记录、系统试运转记录。

2）凡国家规范标准规定隐蔽工程检查项目的，应做隐蔽工程检查验收并填写隐蔽工程验收记录，涉及结构安全的重要部位应留置隐蔽前的影像资料。

3）同一单位（子单位）工程，不同专业施工单位之间应进行工程交接检查并填写交接检查记录。移交单位、接收单位共同对移交工程进行验收，并对质量情况、遗留问题、工序要求、注意事项、成品保护等进行记录。

4）智能建筑工程应对设备安装工程质量及观感质量进行检查，并做智能建筑工程安装质量检查记录。

5）国家规范标准要求或施工需要对施工过程进行记录时应留有施工记录，没有专用记录表格的可使用施工检查通用记录表。

（5）施工试验资料

1）机电安装施工试验资料是指按照设计及国家规范标准的要求，在施工过程中所进行的各种检测及测试资料的统称。主要有：水暖、机电系统运转测试报告或测试记录。

2）给水排水工程、采暖工程、通风空调工程中的各类水泵、风机、冷水机组、冷却塔、空调机组、新风机组等设备应有单机试运转记录。

3）采暖系统、消防系统、通风空调系统等应有系统试运转及调试记录。

4）非承压管道、设备，包括开式水箱、卫生洁具、安装在室内的雨水管道等，以及暗装、埋地、有绝热层的排水管道应有灌（满）水试验记录。

5）承压管道、设备应有强度试验记录；自动喷水灭火系统、气体灭火系统管道应有严密性试验记录。

6）给排水系统及游泳池水系统应有通水试验记录。

7）给水系统、自动喷水灭火系统、固定消防灭火系统、空调水系统等及设计有要求的管道应有冲洗试验记录；介质为气体的管道系统应有吹洗试验记录。

8）排水水平干管、主立管应有通球试验记录。

9）补偿器安装应有补偿器安装记录。

10）室内消火栓系统应有消火栓试射试验记录。

11）锅炉安装应有按相关规范和职能管理部门要求的安装记录。

12）自动喷水灭火系统应有验收缺陷项目划分记录。

13）建筑工程中的主要设备、系统的防雷接地、保护接地、工作接地、防静电接地以及设计有要求的接地电阻应有电阻测试记录，并应附《电气防雷接地装置隐检与平面示意图》说明。

14）建筑工程中的主要电气设备和动力、照明线路及其他必须摇测绝缘电阻、配管及管内穿线分项质量验收前和单位工程质量竣工验收前，应分别按系统回路进行测试，不得遗漏。

15）电气器具安装完成后，按层、按部位（户）进行通电检查，并进行记录，内容包括接线情况、电气器具开关情况等。电气器具应全数进行通电安全检查。

16）电气设备应有空载试运行记录，空载试运行应符合安装工艺、产品技术条件及相关规范标准的要求。

17）建筑物照明应有通电试运行记录。公用建筑照明系统通电连续试运行时间为24h，民用住宅照明系统通电连续试运行时间为8h。所有照明灯具均应开启，且每2h记录运行状态1次，连续试运行时间内无故障。

18）漏电开关应有模拟试验记录，动力和照明工程的漏电保护装置应全数做模拟动作试验，并符合设计要求的额定值。

19）大容量（630A及以上）导线、母线连接处或开关，在设计计算负荷运行情况下应做温度抽测记录，温升值稳定且不大于设计值。

20）避雷带的每个支持件应做垂直拉力试验，支持件的承受垂直拉力应大于49N（5kg）。

21）逆变应急电源安装完毕后应全数做测试试验，并应符合设计要求的额定值和《逆变应急电源》（GB/T 21225）的规定。

22）柴油发电机安装完毕后应全数做测试试验，并应符合设计要求的额定值和国家相应的规范标准的规定。

23）电气工程施工完毕后应对低压配电系统进行调试，调试合格后应对低压配电电源质量进行检测，并应符合设计要求的额定值和《建筑节能工程施工质量验收规范》（GB 50411）的规定。

24）建筑安装工程施工完毕后各系统进行联合调试时，应全数检查监测与控制节能工程的设备是否齐全，使用功能是否达到设计要求和《建筑节能工程施工质量验收规范》（GB 50411）的规定。

25）建筑物照明系统通电试运行中，应测试并记录照明系统的照度和功率密度值，并应符合设计要求的额定值和《建筑节能工程施工质量验收规范》（GB 50411）的规定。

26）智能建筑各系统在安装调试完成后，应对设备及系统逐项进行自检，填写自检测记录。

27）智能建筑各系统，应按规范要求进行不中断试运行，填写试运行记录并提供试运行报告。

28）风管系统应有风管漏光或漏风测试记录。

29）现场组装的除尘器壳体、组合式空气调节机组应有漏风量检测记录。

30）通风与空调工程无生产负荷联合试运转应有管网风量平衡记录、空调系统试运转调试记录、空调水系统试运转调试记录及各房间室内风量温度测量记录。

31）组装式的制冷机组和现场充注制冷剂的机组应有制冷系统气密性试验记录。

32）净化空调系统无生产负荷试运转应有净化空调系统测试记录。

33）防排烟系统联合试运行和调试应有防排烟系统联合试运行记录。

34）国家规范标准中要求进行的各种施工试验应有施工试验报告，没有专用试验报告表格的可使用通用试验表格。

（6）过程验收资料

1）过程验收资料指是参与工程建设的有关单位根据相关标准、规范对工程质量是否达到合格作出确认的各种文件的统称。主要内容有：检验批质量验收记录、分项工程质量验收记录、分部（子分部）工程质量验收记录、结构实体检验等。

2）施工单位在完成分项工程检验批施工，自检合格后，由项目专业质量检查员填写检验批质量验收记录表，报请项目专业监理工程师组织质量检查员等进行验收确认。

3）分项工程所包含的检验批全部完工并验收合格后，由施工单位技术负责人填写分项工程质量验收记录表，报请项目专业监理工程师组织有关人员验收确认。

4）分部（子分部）工程所包含的全部分项工程完工并验收合格后，由施工单位技术负责人填写分部（子分部）工程质量验收记录表，报请项目总监理工程师组织有关人员验收确认。

（7）工程竣工质量验收资料

1）工程竣工质量验收资料是指工程竣工时必须具备的各种质量验收资料。主要内容有：单位工程竣工预验收报验表、单位（子单位）工程质量竣工验收记录、单位（子单位）工程质量控制资料核查记录、单位（子单位）工程安全和功能检查资料核查及主要功能抽查记录、单位（子单位）工程观感质量检查记录、室内环境检测报告、建筑节能工程现场实体检验报告、工程竣工质量报告、工程概况表等。

2）单位（子单位）工程的室内环境、建筑工程节能性能应检测合格并有检测报告。

3）单位工程完工后施工单位应编写工程竣工报告，内容包括：工程概况及实际完成情况、工程实体质量、施工资料、主要建筑设备、系统调试、安全和功能检测、主要功能抽查等。

4）单位（子单位）工程完工后，由施工单位填写单位工程竣工预验收报验表报项目监理部，申请工程竣工预验收。总监理工程师组织项目监理部人员与施工单位进行检查预验收，合格后总监理工程师签署单位工程竣工预验收报验表、单位（子单位）工程质量控制资料核查记录、单位（子单位）工程安全和功能检查资料核查及主要功能抽查记录和单位（子单位）工程观感质量检查记录等并报建设单位，申请竣工验收。

5）建设单位应组织设计、监理、施工等单位对工程进行竣工验收，各单位应在单位（子单位）工程质量竣工验收记录上签字并加盖公章。

第四节　建筑工程技术资料的管理职责

根据国家规定，参与工程建设的建设、勘察、设计、监理和施工等单位均负有工程资料管理的责任，这种责任是上述各方在工程建设过程中的一项重要职责，我们把这种职责称为工程资料管理职责。这些管理职责对参与建设各方来说，有些是共同的、各方一致的，有些是参与建设某一方所特有的。参建各方应当认真履行通用职责和自己的职责。

一、参与建设各方对工程资料管理的基本职责（通用职责）

对工程资料管理的基本职责也称通用职责，主要有以下5条：

（1）工程资料的形成应符合国家相关的法规、技术标准、工程合同和设计文件的规定。

（2）工程各参建单位应将工程资料的形成和积累纳入工程建设管理的各个环节和全过程。建设、监理、施工单位应各自组织本单位工程资料的全过程管理工作，并应明确有关人员的职责。

（3）工程资料应随工程进度同步收集、整理。资料组卷与资料份数应符合规定并满足需要。

（4）建设过程中工程资料的收集、整理工作和审核工作应有专人负责，该人应按规定取得相应的岗位资格。

（5）工程各参建单位应确保各自所形成的文件真实、有效、完整和齐全。严禁对工程资料进行涂改、伪造、随意抽撤或损毁、丢失。否则，应按有关规定予以处罚，情节严重的，应追究责任。

重要工程资料应保持其页码、内容的连续性，不准随意撕扯、抽撤或更换。资料的原始记录应为真实的原始现场记录，不准再次抄录。所有二次抄录的文字、数据均不得列为原始记录。工程资料中出现笔误或需要修正的文字、数据时，应采取"杠改"的方式修改，"杠改"后应保持被更改部分清晰可辨，并必须在修改位置旁由修改人本人签名承担责任。必要时，还应以适当方式注明或说明更改原因。

当需要某种资料但无法取得原件时，可以采用"有效复印件"代替。"有效复印件"指使用原件复印、内容与原件相同、可以清晰辨认、加盖原件存放单位公章、有相关经手人签字并注明原件存放处的复印件。（注：上述规定引自"北京市资料管理规定"）

参与工程建设各方除了必须承担以上五项职责外，还有各自应承担的职责。

二、建设单位对工程资料的管理职责

（1）应负责基建文件的管理工作，并设专人对基建文件进行收集、整理和归档。

（2）在工程招标及与参建各方签订合同或协议时，应对工程资料和工程档案的编制责任、套数、费用、质量和移交期限等提出明确要求。

（3）必须向参与工程建设的勘察、设计、施工、监理等单位提供与建设工程有关的资料。

（4）由建设单位采购的建筑材料、构配件和设备，建设单位应保证建筑材料、构配件和设备符合设计文件和合同要求，并保证相关物资文件的完整、真实和有效。

（5）应负责监督和检查各参建单位工程资料的形成、积累和立卷工作，也可委托监理单位检查工程资料的形成、积累和立卷工作。

（6）对须建设单位签认的工程资料应签署意见。

（7）应收集和汇总勘察、设计、监理和施工等单位立卷归档的工程档案。

（8）应负责组织竣工图的绘制工作，也可委托施工单位、监理单位或设计单位，并按相关文件规定承担费用。

（9）列入城建档案馆接收范围的工程档案，建设单位应在组织工程竣工验收前，提请城建档案馆对工程档案进行预验收，未取得工程档案预验收认可文件的，不得组织工程竣工验收。

（10）建设单位应在工程竣工验收后3个月内将工程档案移交城建档案馆。

三、勘察、设计单位对工程资料的管理职责

（1）应按合同和规范要求提供勘察、设计文件，包括工程洽商和变更。

（2）对须由勘察、设计单位签认的工程资料，应及时签署意见。

（3）应按照有关规定出具代表本方意见的竣工验收工程质量检查报告。

四、监理单位对工程资料的管理职责

（1）应负责监理资料的管理工作，并设专人对监理资料进行收集、整理和归档。

（2）应按照合同约定，在勘察、设计阶段，对勘察、设计文件的形成、积累、组卷和归档进行监督、检查；在施工阶段，应对施工资料的形成、积累、组卷和归档进行监督、检查，使工程资料的完整性、准确性符合有关要求。

（3）对须由监理单位出具或签认的工程资料，应及时出具签认。

（4）列入城建档案馆接收范围的监理资料，监理单位应在工程竣工验收后 2 个月内移交建设单位。

五、施工单位对工程资料的管理职责

（1）应负责施工资料的管理工作，实行技术负责人负责制，逐级建立、健全施工资料管理岗位责任制。

（2）应负责汇总各分包单位编制的施工资料，分包单位应负责其分包范围内施工资料的收集和整理，并对施工资料的真实性、完整性和有效性负责。

（3）应在工程竣工验收前，将工程的施工资料整理、汇总完成。

（4）应负责编制两套施工资料，其中移交建设单位一套，自行保存一套。

六、城建档案馆对工程资料的管理职责

城建档案馆是长期保存工程资料的专业机构。它不属于参与工程建设的一方主体，但是担负对于工程资料重要的管理职责，具体如下：

（1）应负责接收、收集、保管和利用城建档案的日常管理工作。

（2）应负责对城建档案的编制、整理、归档工作进行监督、检查、指导，对国家和北京市重点、大型工程项目的工程档案编制、整理、归档工作应指派专业人员进行指导。

（3）在工程竣工验收前，应对列入城建档案馆接收范围的工程档案进行预验收，并出具《建设工程竣工档案预验收意见》。

第二章
建筑电气工程

施工现场质量管理检查记录 表 C1-1		资料编号	06-C1-1-×××
工程名称	北京××大厦	施工许可证 （开工证）	［2009］施建字××××号
建设单位	北京××房地产开发公司	项目负责人	赵××
设计单位	北京××建筑设计研究院	项目负责人	李××
监理单位	北京××监理有限责任公司	总监理工程师	齐××

施工单位	北京××建设 有限责任公司	项目经理	陈××	项目技术 负责人	高××

序号	项　目	内　容
1	现场质量管理制度	建立健全
2	质量责任制	落实得力
3	主要专业工种操作上岗证书	有效齐全
4	分包方资质与分包单位的管理制度	有效齐全、建立健全
5	施工图审查情况	会审完毕
6	地质勘察资料	归档齐全
7	施工组织设计、施工方案及审批	编写与审批完毕
8	施工技术标准	北京市地方性标准
9	工程质量检验制度	建立健全
10	搅拌站及计量设置	—
11	现场材料、设备存放与管理	建立健全、管理有序

检查结论：

　　项目经理部施工技术标准明确，建立健全现场管理制度、工程质量检验制度，分包方资质与分包单位的管理制度、主要专业工种操作上岗证书有效齐全，质量责任制落实到位，施工图会审完毕，施工组织设计（方案）及审批施工技术文件齐全，现场材料、设备存放与管理有序，施工现场质量管理处于受控状态。

　　总监理工程师　　　　　　　　　　　　　　　　齐××
　　（建设单位项目负责人）　　　　　　　　　　20××年××月××日

本表由施工单位填写，施工单位、监理单位各保存一份。

施工日志 表 C1-2			资料编号	06-C1-2-×××
	天 气 状 况	风 力	最高/最低温度	备 注
白天	晴间多云	偏北风二三级	+4℃/+2℃	上、下午各测一次
夜间	晴间多云	偏北风二三级	-10℃/-12℃	上、下夜各测一次

生产情况记录：（施工部位、施工内容、机械作业、班组工作、生产存在问题等）

施工部位：

北京××大厦A段屋面女儿墙

施工内容：

避雷引下线安装、接闪器安装

机械作业：

钢筋调直机一台，型号：HS-Z-4，电动机额定功率：4.2kW；电锤3台，钻孔直径：10～20mm，电动机额定功率：0.5kW；磨光机3台，型号：SR 100AEN，电动机额定功率：0.9kW；交流电焊机2台，型号：BX1-400，额定容量：22kVA；弹簧测力计4个，型号：SH-100K弹簧测力计（传感器内置式），高精度高分辨率，准确度0.5级，最小读数达0.001N。

班组工作：

班组出勤人数为12名，其中电焊工2名，电工7名，普工3名。

生产存在问题：

目前工程处于装修阶段，机电专业与土建专业交叉作业，需要科学、合理、有序提供劳动力，并做好设备、材料进场计划，为电气设备安装提供物资保障，并落实好成品保护工作。

技术质量安全工作记录：（技术质量安全活动、检查评定验收、技术质量安全问题等）。

技术质量安全活动：

目前公司正开展"质量安全和谐月"活动，项目经理部结合质量安全月活动主题，开展创北京××大厦精品工程活动。本月公司技术部、安全部对北京××大厦先后各检查两次，对检查组发现的问题已分别整改完毕，并将整改报告报送公司技术部、安全部，经复查后符合国家、地方规范和标准的要求。

1. 技术交底的分项工程为防雷及接地装置安装工程，技术交底的交底人将质量要求、验收标准向接受交底人进行书面交底。

2. 安全交底的交底人将施工部位应注意的安全事项向所有接受交底人进行作业前的教育。

技术交底、安全交底的交底人、接受交底人经过交流和沟通后，对书面交底内容未提出不同意见，相关人员签字齐全，各自保存一份。

检查评定验收：

对北京××大厦A段屋面女儿墙避雷带安装质量检查验收。避雷带平整顺直，固定间距均匀，φ10mm热镀锌圆钢搭接长度为其直径的6倍，双面施焊，焊缝无夹渣、咬肉缺陷，并对焊缝进行防腐处理。避雷带引下线均设置明显标识，白底黑色。用SH-100K弹簧测力计对北京××大厦A段屋面女儿墙避雷带支架进行拉力全数测试，测试数为38处，每处支架承受的垂直拉力均大于50N。符合施工图设计及《建筑电气工程施工质量验收规范》（GB 50303—2002）要求，施工质量验收合格。

技术质量安全问题：

1. 隐蔽工程检查记录（表 C5-1）、避雷带支架拉力测试记录（表 C6-38）按施工进度均报送监理单位，监理单位专业工程师发现个别专业术语打印有误，如"防雷引下线"应改为"避雷引下线"。应在技术资料报送前加强检查工作，杜绝技术资料出现文字错误。

2. 屋面女儿墙避雷带安装属于高空作业，张××、李××利用电锤打孔时，未佩戴安全防护用品，班长刘××发现后，责其配好安全带、安全帽、绝缘手套后继续作业，及时纠正一起安全隐患事故。警示我们应加强作业人员的安全意识、文明施工、场容场貌的管理力度，做到常抓不懈。

记录人	李××	日期	20××年××月××日

本表由施工单位填写。

24

工程技术文件报审表 表 C1-3		资料编号	06-C1-3-××××
工程名称	北京××大厦	日　期	20××年××月××日

现报上关于北京××大厦建筑电气工程施工组织设计工程技术文件，请予以审定。

序号	类　　别	编制人	册数	页数
1	施工技术资料	赵××	1	56

编制单位名称：北京××建设集团工程总承包部　北京××大厦项目经理部

技术负责人（签字）：李××　　　　　　　　　　　　　　　申报人（签字）：刘××

施工单位审核意见：

同意报送北京××监理有限责任公司，并附公司审批表。

☑有/□无　附页 1

编制单位名称：北京××建设集团工程总承包部　北京××大厦项目经理部　　审核人（签字）：张××

审核日期：20××年××月××日

监理单位审核意见：

经北京××大厦项目监理工程师的审核，同意该项目建筑电气工程施工组织设计，望施工单位认真组织落实，实现国家优质工程的质量目标，并确保施工安全。

审批结论：☑同意　　　　□　修改后再报　　　　□　重新编制

监理单位名称：北京××监理有限责任公司　总监理工程师（签字）：齐××　日期：20××年××月××日

本表由施工单位填报，监理单位签署审批意见。

施工组织设计（方案）审批表

工程名称	北京××大厦	施工单位	北京××建设有限责任公司
技术文件名称	北京××大厦工程建筑电气工程施工组织设计（方案）		
建设单位	北京××房地产开发公司	编制单位	北京××大厦工程项目经理部
审批单位	技术部	编制人	赵××
审批人	李××	编制日期	20××年××月××日
审批日期	20××年××月××日	报审日期	20××年××月××日

审批意见：（内容是否全面，控制是否到位及适时修改）

1. 同意北京××大厦工程建筑电气安装工程施工组织设计（方案），请项目经理部以本施工组织设计（方案）确定的电气工程质量目标为依据，科学组织，落实到位，确保本工程安全、技术、质量目标的实现。

2. 施工过程中，请严格按照《施工现场临时用电安全技术规范》（JGJ 46—2005）的要求，落实安全管理责任制，做好安全教育工作，确保北京××大厦工程实施过程作业者的人身安全，以及各种手持电动机具的用电安全。

3. 实施过程中，请严格按照《建筑电气工程施工质量验收规范》（GB 50303—2002）的要求，落实样板引路，做好施工质量的三检制度，北京××大厦工程争创国家优质工程。

4. 施工过程中，请严格按照北京市地方标准《建筑工程资料管理规程》（DB 11/T 695—2009）的要求，及时收集、整理和归档建筑电气工程技术资料，做到与施工进度同步进行，签字（盖章）齐全，具有可追溯性。

5. 若电气工程施工组织设计（方案）需要修改，按原审批程序报送重新审批。

本表由施工单位技术部门负责填写。

建设工程质量事故调（勘）查记录 表 C1-15			资料编号	06-C1-15-×××
工程名称	北京××大厦		日　期	20××年××月××日
调（勘）查时间	20××年××月××日××时××分至××时××分			
调（勘）查地点	北京市海淀区百万庄甲××号			
参加人员	单　位	姓　名	职　务	电　话
被调查人	北京××建设集团 有限责任公司	赵××	专业技术负责人	××××××××
陪同调（勘） 查人员	北京市建设工程安全 质量监督总站	刘××	科　员	××××××××
	北京××建设监 理有限责任公司	胡××	监理工程师	××××××××
调（勘）查笔录	20××年××月××日，北京××大厦 A 座 16 层照明系统试运行过程，由于维修电工接线错误，导致公共走廊吊顶内 12 套格栅灯灯管烧毁，周围石膏板需要更换，直接经济损失约 1.4 万元人民币。			
现场证物照片	☑有　　□无　　共 4 张　　共 6 页（略）			
事故证据资料	☑有　　□无　　共 6 张　　共 4 页（略）			
被调查人签字	赵××		调（勘）查人	刘××

本表由调查人填写。

建设工程质量事故报告书 表 C1-16		资料编号	06-C1-16-××
工程名称	北京××大厦	建设地点	北京市海淀区百万庄甲××号
建设单位	北京××房地产开发建设有限责任公司	设计单位	北京××建筑设计科学研究院
施工单位	北京××建设集团有限责任公司	建筑面积（　） 工作量（元）	5.8万 m² 3.6亿元人民币
结构类型	框架剪力墙	事故发生时间	20××年××月××日
上报时间	20××年××月××日	经济损失 （元）	1.4万元人民币

事故经过、后果与原因分析：

　　20××年××月××日，北京××大厦A座16层照明系统试运行过程，由于维修电工接线错误，导致公共走廊吊顶内12套格栅灯灯管烧毁，周围石膏板需要更换，直接经济损失约1.4万元人民币。

　　经事故现场实地技术勘察，该事故原因是由于维修电工接线时，将该照明回路的相线误认为零线，压接在零线端子排上，造成该照明回路短路。导致公共走廊吊顶内12套格栅灯灯管烧毁，以及周围石膏板表面受损。

事故发生后采取的措施：

　　事故发生后，及时切断该照明回路的小型断路器。

事故责任单位、责任人及处理意见：

　　1. 事故责任单位：

北京××建设集团有限责任公司工程总承包部北京××大厦工程项目经理部

　　2. 事故责任人：

北京××建设集团有限责任公司工程总承包部电工王××

　　3. 处理意见：

对事故责任人进行技术培训教育，掌握《建筑电气工程施工质量验收规范》（GB 50303—2002）标准，经考核合格后，方可持证上岗，并对该同志进行经济处罚400元。电气设备带电作业做到维修者、监护者同时在场，确保施工质量的过程管理，以及安全事故的过程控制。

负责人	李××	报告人	赵××	日　期	20××年××月××日

本表由调查人填写。

28

材料、构配件进场检验记录 表 C4-17					资料编号		06-C4-17-××
工程名称		北京××大厦			检验日期		20××年××月××日
序号	名称	规格型号	进场数量	生产厂家 合格证号	检验项目	检验结果	备　注
1	接线盒	86H50	1000个	廊坊大道塑胶 制品有限公司 86H50-20100416	外观检验、 实际测量、 技术文件	合格	

检验结论：

　　1000个86H50接线盒经外观检验、实际测量均合格，附带技术文件齐全。规格型号符合施工图设计及《建筑电气工程施工质量验收规范》（GB 50303—2002）要求，同意其材料进场和使用。

注：附产品检验报告、产品合格证

签字栏	施工单位	北京××建设集团 工程总承包部	专业质检员	专业工长	检验员
			吴××	徐××	李××
	监理（建设）单位	北京××监理有限责任公司		专业工程师	王××

本表由施工单位填写。

No.L1546　　(2006)国认监验字(26)号　　(2006)量认(冀)字(Z0758)号　　2006京质监验字026号

No.020-WDQ09121

检 验 报 告

TEST　REPORT

样 品 名 称 **Product**	金属接线盒
型 号 规 格 **Mode/Type**	**86H50**
委 托 单 位 **Applicant**	河北省固安县质量技术监督局
标 称 生 产 单 位 **Manufacturer**	廊坊大道塑胶制品有限公司
检 验 类 别 **Type of Test**	委 托 检 验

北京市产品质量监督检验所

Beijing Products Quality Supervision and Inspection Institute

30

北京市产品质量监督检验所

Beijing Products Quality Supervision and Inspection Institute

检 验 报 告

TEST REPORT

样 品 名 称 Product	金属接线盒	检 验 类 别 Type of Test	委托检验
型 号 规 格 Mode/Type	86H50	商　　　标 Trade Mark	图形标
生 产 日 期 Manufactured Date	2009. 12. 1	样 品 数 量 Samples Quantity	10 只
出 厂 编 号 Serial Number	/	来 样 方 式 Sampling Method	送 样
委 托 单 位 Applicant	河北省固安县质量技术监督局	联 系 电 话 Tel.	0316-6213407
委托单位地址 Applicant Address	河北省固安县育才路37号	邮 政 编 码 Zip Code	065500
标称生产单位 Manufacturer	廊坊大道塑胶制品有限公司	抽/ 送 样 人 Sampled/delivered by	王岩格
来 样 日 期 Application Date	2009. 12. 12	抽 样 基 数 Population	/
检 验 依 据 Ref. Documents	GB17466-1998 《家用和类似用途固定式电气装置电器附件外壳的通用要求》		
检 验 项 目 Test items	标志及指示符号、尺寸检查、防触电保护等7项		
检 验 结 论 （Test Conclusion）	所检项目符合 GB17466-1998 标准要求。 检验专用章 Issued by (stamp) 签发日期: 2009年12月 Date of Issue :yyyy. mm. dd 检验专用章		
备 注 （Remarks）	1.样品状态：外观正常。 2.样品分配：3只样品检验，7只样品备样。		

批　准： 王静　　　审　核： 郭清　　　编　制： 姚卫南
Approved by:　　　　　Inspected by:　　　　Organized by:

No.020-WDQ09121   共 4 页   第 2 页

样品描述及说明

样品描述：

　　　　保护等级：普通型

　　　　材料性质：金属

　　　　安装方法：暗装式

　　　　接地端子：有

　　　　悬吊装置：无

样品的标志：

　　　　图形标

　　　　--

　　　　86H50

　　覆盖：86H40、50、60、70、80、90、100

　　　　　DH75-50、60、70、80、90、100

　　　　　146H50、60、70、80、90、100

　　　　　明装盒 86*86*50   86*86*40

北京市产品质量监督检验所
Beijing Products Quality Supervision and Inspection Institute

检 验 报 告
TEST REPORT

序号	检验项目	标准条款	技 术 要 求	实测结果	单项判定
1	标志及指示符号	6	外壳应标有： ——生产厂或销售商的名称、商标或识别标志 ——型号	图形标 86H50	合格
2	尺寸检查	7	（75×75×50）mm	（75×75×50）mm	合格
3	防触电保护	8 8.1	外壳应设计成在按正常使用安装好之后，任何正确安装好的电器附件的带电部件或这些附件中任何会由于故障而变成带电的部件均应是不易触及的	符合	合格
4	接地措施	9 9.1	金属外壳中，凡绝缘失效时会变成易触及者，应装有可靠的永久接地装置	符合	合格
		9.2	接地端子及与之连接的易触及金属部件之间应是低阻连接	符合	
			电阻不超过0.05（Ω）	0.014	
5	结构要求	10 10.1	外壳应有足够的机械强度	符合	合格
		10.6	外壳应有能将其固定到墙或天花板上（或里面）的装置	符合	
		10.7	如有进线孔，这些进线孔应使导线或外壳中用以连接导管的有关配件或电缆的护套能进入外壳，并提供机械保护	符合	
		10.8	盖、电器附件等的螺钉固定件应能经受得住安装及正常使用过程中出现的机械应力	符合	
			将螺钉固定件拧紧和拧松： 施加力矩___1.2___N·m 5次，对其他各种螺钉	符合	
			试验过程中，不得出现螺钉断裂或损坏，不得出现螺纹或外壳损坏	符合	

33

检 验 报 告

TEST REPORT

序号	检验项目	标准条款	技术要求	实测结果	单项判定
6	机械强度	12	外壳应有足够的机械强度，能经受得住安装和使用过程中出现的机械应力	符合	合格
		12.2	对不要浇注进混凝土里的外壳	符合	
			进行冲击试验 A__10__cm 高度冲击 5 次无损坏	符合	
7	防锈	15	金属或复合材料部件外壳应加以保护以防生锈	符合	合格

宏程电器

HONG CHENG DIAN QI

合格证

86H-30

型　号

检

日

执行标准　GB　　－1998

廊坊大道塑胶制品有限公司

技术交底记录 表 C2-1		资料编号	06-C2-1-××××
工程名称	北京××大厦	交底日期	20××年××月××日
施工单位	北京××大厦项目经理部	分项工程名称	电缆敷设
交底提要：		矿物绝缘电缆敷设与安装	

交底内容：

一、施工工艺流程

施工准备→人员培训→技术准备→电缆检查→敷设电缆→挂标牌→终端接头、中间接头的制作→电缆分相→检查接线。

二、施工人员培训

合理安排人员，对关键部位中间连接、始末端制作、弧度交底，厂方和施工技术人员要对操作工人拿样品进行模拟示范，然后工人练习至熟练。

三、技术准备

1. 熟悉施工图纸，了解各回路中所用的矿物绝缘电缆的型号、规格、长度，需几个中间连接及图纸说明和具体敷设的方式及场所。

2. 班前交底，让工人充分了解这类电缆的性能、敷设要求、技术标准，特别是电缆绝缘测试的方法、步骤，掌握施工技能。这一步至关重要，对安装敷设的质量能起到绝对的保证作用。

3. 结合图纸熟悉施工现场的情况，包括电缆的走向以及沿线的实际情况、电缆始端的位置，对电缆编号，对同一桥架内电缆排列顺序合理布局，安排人员及工具。

四、到货检查

1. 核对所到电缆的型号、规格、数量是否与提料单及设计图样中的电缆相一致。发现疑问应及时与供应商联系，处理解决。

2. 检查电缆外观。观察电缆的外包装是否完好，拆除外包装之后，再看电缆的外表铜皮是否有损坏痕迹，两端的封端是否完好，每盘的电缆长度是否与标签所示的长度一样。

3. 测试电缆的绝缘电阻。和普通电缆一样，绝缘电阻测试十分重要，一定要逐条验收测试。

4. 当电缆受损或有疑问时，可对电缆进行交流耐压测试，实验电压1250V、时间15s，不击穿即为合格产品。

5. 对于一些小截面的电缆或多芯电缆，还应进行电缆导体的连续性的测试，发现断线及时通知供应商处理。

五、施工要求

1. 电缆敷设的弯曲半径应满足表1规定的电缆允许最小弯曲半径的要求。

表1 矿物绝缘电缆弯曲半径

电缆外径 D（mm）	$D < 7$	$7 \leqslant D < 12$	$12 \leqslant D < 15$	$D \geqslant 15$
电缆内侧最小弯曲半径 R（mm）	$2D$	$3D$	$4D$	$6D$

注：多根不同外径的矿物绝缘电缆相同走向时，为达到整齐、美观的目的，电缆的弯曲半径参照外径最大的电缆进行调整，并符合相应的最小弯曲半径要求。

2. 电缆在下列场合敷设时，由于环境条件可能造成电缆振动和伸缩，应考虑将电缆敷设成"S"或"Ω"形弯，其半径应不小于电缆外径的6倍。

3. 电缆敷设时，其固定点之间的间距，除敷设在支架固定外，其余可按表2推荐的数据固定。

表2 电缆固定间距数据

电缆外径 D（mm）		$D < 9$	$9 \leqslant D < 15$	$D \geqslant 15$
固定点之间的最大间距（mm）	水平	600	900	1500
	垂直	800	1200	2000

技术交底记录 表 C2-1		资料编号	06-C2-1-×××
工程名称	北京××大厦	交底日期	20××年××月××日
施工单位	北京××大厦项目经理部	分项工程名称	电缆敷设
交底提要：		矿物绝缘电缆敷设与安装	

若电缆倾斜敷设，则当电缆与垂直方向成30°角及以下时，按垂直间距固定；当大于30°时，按水平间距固定。各种敷设方式也可按每米一个固定点固定。

4. 电缆敷设时，在转弯及中间连接器两侧，有条件固定的应加以固定。

5. 计算敷设电缆所需长度时，应考虑留有不少于1%的余量。

6. 单芯电缆敷设时，且每路电缆之间留有不少于电缆外径2倍的间隙，则应考虑载流量减少系数。

7. 对电缆在运行中可能遭受到机械损伤的部位，应采取适当的保护措施。

8. 单芯电缆敷设时，应逐根敷设，待每组布齐并矫直后，再做排列绑扎，间距以1~1.5m为宜。

9. 当电缆在对铜护套有腐蚀作用的环境中敷设时，或在部分埋地或穿管敷设时，应采用有聚氯乙烯外套的矿物绝缘电缆。

10. 在布线过程中，电缆锯断后应立即对其端部进行临时性封端。

11. 矿物绝缘电缆的铜护套必须接地且为单端接地。电缆（单芯）用于交流电网时，由于交变磁场的作用，在电缆铜护套上产生感应电势，如果电缆两端接地形成回路，便会产生与线芯电流方向相反的纵向电流。

12. 对于大截面单芯电缆，用于交流电网时应采取涡流消除措施。在交变电流作用下，铜护套上会形成横向涡流，能造成能量损耗。

13. 矿物绝缘电缆采用架空敷设时，如果跨越的间距不大，则可将电缆直接固定于两端的支持物上。如果是跨越的间距较大，应采用沿钢索敷设的方法。架空电缆在两端的直接进户处，如果是穿越墙壁的，则应在进户处预埋一根直径大于电缆外径的1.5倍的瓷管或塑料管，以便电缆穿进户内。当电缆穿进后，管口应用堵泥封住管口，以防雨水渗入。当电缆沿钢索悬挂敷设时，在钢索的两端固定处，悬挂的电缆应考虑做一次减振膨胀环，防止大风吹动引起的振动和热胀冷缩现象。特别是北方地区，要考虑避免冬季电缆的断裂，所以也要考虑到悬挂的电缆有一定的垂度。

六、固定方式

电缆在支架上卡设时，要求每一个支架处都有电缆卡子将其固定。固定用的角钢支架在某些场合需考虑耐火等级。

七、敷设方法

1. 现场搬运。现场施工时，矿物绝缘电缆的搬运可采用人工搬运。因其重量并不是很重，最重的一盘电缆的重量仅为140kg左右，只要三～四个人就可将它搬运到现场的任何地方，要做好电缆的防护工作，以免损坏电缆。

2. 敷设时的放线。电缆的敷设有垂直敷设与水平敷设两种。在相同走向处敷设时，应根据电缆的分岔口位置由近到远逐条布线，以避免电缆交叉而影响美观。

垂直敷设部分，可采用从上到下的敷设方法。敷设时，施工人员将电缆盘搬运至最高处，由辅助工人将电缆托住，慢慢地松开并转动（注：应将整盘电缆一起转动），边放边校直，在敷设的整条线路中，每隔4～5m站一人，以协助电缆顺利向下敷设，一直将电缆敷设到位。水平敷设部分，同上面的放线方法一样将电缆松开，沿水平方向逐渐拉放过去，要求每隔4～5m站一人，一直将电缆敷设到位。

如施工现场条件许可，可制作简易工具，保证施工质量，提高工作效率，同时也可最大限度地克服环境对施工的限制。步骤如下：将盘状电缆置于自制的放线架上，螺栓固定电缆后用外力牵引电缆端部，放线架则发生转动，电缆则可按照设定线路放线，小规格、小截面电缆用金属吊钩直接牵引电缆端部就可实现放线；大规格、大截面电缆可采用特定的工具，在电缆线端部采用特定的装置也可实现放线。

牵引固定后，电缆直接穿过桥架，因本体成盘时的弯曲状态，效果可能不美观，让电缆通过一个夹板导轮，则可解决电缆弯曲造成整个线路不美观的遗憾。电缆沿桥架敷设，在牵引力的作用下，向前移动，为了方便放线，可在电缆下方设置一个导向轮（图1），以便电缆通过设定区域。

技术交底记录 表 C2-1		资料编号	06-C2-1-×××
工程名称	北京××大厦	交底日期	20××年××月××日
施工单位	北京××大厦项目经理部	分项工程名称	电缆敷设
交底提要：		矿物绝缘电缆敷设与安装	

图1   图2

当电缆放置完毕，须将每组电缆进行分组，按照一定的相序排列，每组电缆可用铜带、铜线进行绑扎以免相序间混乱。当电缆敷设完毕，在桥架、支架、托架等水平方向的效果图如图2所示，电缆在竖直桥架或支架上敷设，固定方法可采用铜带、铜卡、铜线等固定。

电缆在敷设过程当中沿桥架转弯处，电缆会受到很大的阻力，且容易使电缆受到破坏，为解决这样的问题，可以用弧形转向器让电缆穿过转向器来实现电缆的自动转弯，如图3所示。电缆端部或端部转弯处，需校直或根据施工现场的需要加工成一定的形状，可采用一个校直工具，将电缆进行定形，如图4所示。

图3   图4

3. 线路的整理。同一线路敷设完毕且中间接头制作好后，应对线路进行整理及固定，以满足施工要求。

线路的整理包括整线、固定和制作铭牌三项工作。整理的方法是先将电缆按路分开，整直每根电缆，然后将电缆按要求的间距进行固定，如图5所示。若一路电缆有三根或四根，则整直后应捆绑在一起，每整好一路再敷另外一路，以免搞错。整理时应从上到下、从前到后、从始到末逐段进行。在转弯处，应将电缆按规定的弯曲半径进行弯曲。

技术交底记录 表 C2-1		资料编号	06-C2-1-×× ×
工程名称	北京××大厦	交底日期	20××年××月××日
施工单位	北京××大厦项目经理部	分项工程名称	电缆敷设
交底提要：		矿物绝缘电缆敷设与安装	

电缆的固定可用铜卡、或用铜、钢扎线绑扎固定。为做到整齐、美观，整个电缆的走向（包括平直部分和弯曲部分）应全部为平行走向，转弯处的弯曲半径应一致，固定点尽量做到整齐且间距都符合规定的要求，如图 6 所示。

图 5   图 6

当局部电缆需定形，可用木槌、橡胶锤等工具敲打电缆，来达到目的，如图 7 所示。对于单芯电缆也可以用铁锤敲打电缆。但为防止铜皮受到强外力的撞击而被破坏，建议在电缆表面垫硬质木板，以保证在电缆不受破坏的情况下合理受力。按照要求布线，当电缆长度大于设定电气回路长度，则应用锯截去多出部分，以留它用；端部要做简单的密封处理，截去多出部分后的端部情况如图 8、图 9、图 10 所示。

图 7   图 8

图 9   图 10

技术交底记录 表 C2-1		资料编号	06-C2-1-×××
工程名称	北京××大厦	交底日期	20××年××月××日
施工单位	北京××大厦项目经理部	分项工程名称	电缆敷设
交底提要：		矿物绝缘电缆敷设与安装	

整理结束后，应在每路电缆的两端分别挂上电缆铭牌，铭牌上应标有电缆型号、规格、长度，以及起始端、终止端、施工年月等，以备查考。

八、敷设注意事项

1. 电缆布线应根据电缆的实际走向事先规划好，并做好施工方案及施工记录。

2. 放线时，每根电缆应及时做好识别标签。

3. 电缆锯断或割开后，应立即做好临时封端。

4. 敷设好的电缆要及时整理、固定，并做好保护措施，以防电缆损坏。

5. 电缆敷设前、后应做好绝缘测试，记录好测试数据并对比，一旦发现绝缘电阻降低应及时处理。

九、附件安装方法

1. 确定电缆长度，切除多余电缆，在电缆制作终端部用管子割刀在电缆表面割一道痕线（铜护套不能割断，深度为电缆铜护套 2/3 厚度最佳）用剥离器（斜口钳）将铜护套按顺时针方向，并以较小角度进行转动直至痕线处（图11）。

2. 在安装铜封杯之前，应用清洁的干布彻底清除外露导线上的氧化镁材料，将束头套在电缆上，再将黄铜杯垂直拧在电缆护皮上，用束头在封杯上滑动（图12）。

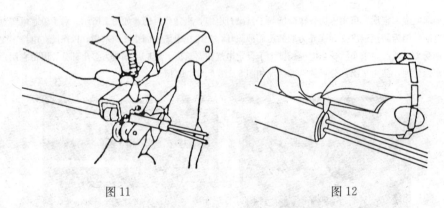

图 11   图 12

3. 距电缆开端 100~600mm 处（切除部分较短，室外存在时间较长，环境湿度大，建议用 600mm）用喷灯外焰加热电缆，并将火焰不断移向电缆敞开端，以便将水分排除干净，切记只可向电缆终端方向移动火焰，否则将会把水分驱回电缆内部。

4. 用欧姆表分别测量导体与导体、导体与铜护套之间的绝缘电阻，若测量值在 200MΩ 以上则可。

5. 向封杯内注入封口膏（电缆温度在 80~100℃最佳），注入封口膏应从一侧逐渐加入，不能太快，以便将空气排空，直至加入稍过量为宜。

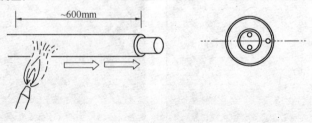

图 13

技术交底记录 表 C2-1		资料编号	06-C2-1-××
工程名称	北京××大厦	交底日期	20××年××月××日
施工单位	北京××大厦项目经理部	分项工程名称	电缆敷设
交底提要：		矿物绝缘电缆敷设与安装	

6. 压上封杯盖，用热缩管把线芯套上并加热，此时用欧姆表测量一下电缆的绝缘电阻，如果绝缘电阻值偏低则重新做一次，直至达到要求为止（图 14）。

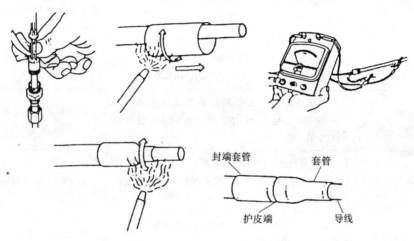

图 14

矿物绝缘电缆的工艺要求的难点是接点的密封及绝缘，因此电气性能的优良与人为因素关系最直接，所以要严格要求工人按照上述步骤进行施工，测试达到绝缘电阻大于 5MΩ，两头通路电阻为零。

十、质量控制

1. 电缆敷设严禁有绞拧、电缆挤压变形、防腐护套破损和电缆表面严重划伤、破损等缺陷。

2. 三相或单相的交流单芯电缆，不得单根穿于磁性导管内，固定用的卡子和支架等不得形成闭合铁、磁回路。

3. 电缆终端头固定牢固，芯线与接线端子压接牢固，接线端子与设备螺栓连接紧密，相序正确，绝缘密封严密。

4. 电缆中间接头安装牢固，中间连接端子压接紧密，绝缘恢复严密结实，电缆线芯与中间连接管之间有合理的绝缘间隔。

5. 电缆接线正确，并联运行的电缆的型号、规格、长度、相位应一致无误。

6. 电缆排列整齐，固定可靠，避免交叉。

7. 对于电缆施工后发现绝缘电阻不合格的，多数是因为电缆接头施工质量不好，可用喷灯沿电缆长度方向烘烤每一个接头处，同时用摇表摇测电缆绝缘电阻，当在某一接头处电缆绝缘电阻急剧变化时，即为此接头绝缘电阻不合格，可拆开后重新制作。

审核人	李××	交底人	刘××	接受交底人	孙××

本表由施工单位填写。

图纸会审记录 表 C2-2			资料编号	06-C2-2-××××××
工程名称		北京××大厦	会审日期	20××年××月××日
地点		建设单位 206 会议室	专业名称	建筑电气工程
序号	图号	图纸问题		图纸问题交底
1	电施-04， 电防-03	人防层污水泵控制箱系统图显示由控制箱至液位传感器用 YQS1-4×1.0 穿 SC25 管，在电施-03 中由消防中控室至液位传感器用 KYJ-5×1.0 穿 PVC-20 管		如果由设备厂家成套提供，采用设备厂家的；如果不是厂家提供，采用 YQS1-4×1.0SC25
2	电防-04	地下二~四层车库及人防的污水泵、排烟风机、排风机等在系统图没有注明穿管的规格。人防的污水泵排风机有一根控制电源给谁用的没有注明		参照电施-03 设备选择表
3	电防-04、05、06、07	人防应急照明配电箱支路管线 NH-BV-4×2.5SC25，在电施-01 穿管规格表中显示应该用 SC20 管		按电施-03 管线选择表施工，采用 SC20 管（所有）
4	电施-04、07、10	由一号楼 1、2、3 号配电室（在地下二层）至地下三四层人防内的污水泵排风机的电源管线没有注明管径。系统图中显示用线槽		参照电施-03 电缆穿管选择表
5	电防-03	第 1~7 防护单元战时电源的进线由哪里引入，图纸没有注明		战时电源主进线不做预留
6	电防-12、14	由防护 1~4 单元的总电源柜至地下四层防护 1、2 单元的电源引下点没有回路编号		以系统图为准，预埋三根电源管
7	电防-14	预留密闭套管的排列方法，如 12 根 SC100 管怎么排列，是放一排，还是放两排		根据现场调整
8	电防-14	图中找不到 APB3-RFZ2.AZB3-4FZ2.ALB3-RFZ2 配电箱的位置		待定
9	电施-10	车库内的配电箱没有编号、线槽没有规格型号及安装高度		待定
10	电防-03	电防-03 中 ALB3-4FZ1.APB3-4FZ1 电源由 5 号变配电室引来，在 1 号楼电施-4 中是由 1 号变配电室引来		以一号楼系统图为准，由一号变配电室引来
11	电施-15	车库照明配电箱的电源由哪里引来 ALE-B3-3、AL-B3-3、ALE-B3-2、AL-B3-2		待定
签字栏		建设单位	监理单位	设计单位	施工单位
		程××	王××	赵××	李××

本表由施工单位整理、汇总。

42

设计变更通知单 表 C2-3			资料编号	06-C2-3-×××
工程名称		北京××大厦	专业名称	建筑电气工程
设计单位名称		北京××建筑设计研究院	日期	20××年××月××日
序号	图号	变更内容		
1	电施-143 图	由于暖通专业将电风幕移至首层车道入口处，电气专业做相应修改，如下图所示：电源依然引自 3-d1AT1，将原设计中为 FM-d1-1 及 FM-d1-2 配电的回路引至此处。3-d1AT1 系统图保持不变。		

签字栏		监理（建设）单位	设计单位	施工单位
		王××	赵××	李××

本表由变更提出单位填写。

工程变更洽商记录 表 C2-4		资料编号	06-C2-4-×××
工程名称	北京××大厦	专业名称	建筑电气工程
提出单位名称	北京××建设集团工程总承包部	日期	20××年××月××日
内容摘要	A座屋面卫星天线基础平台做相应变更		

序号	图号	洽 商 内 容
1	电施-107 图	应设计要求，A座屋面卫星天线基础平台做相应变更，设备基础采用 C30 混凝土浇筑，钢筋采用植筋方法进行施工，具体位置、尺寸及配筋详见下图。电气管路做相应变动，管路采用 SC40 钢管，并做可靠接地。

签 字 栏	建设单位	监理单位	设计单位	施工单位
	程××	王××	赵××	李××

本表由变更提出单位填写。

44

材料试验报告（通用） 表 C4-16		资料编号	06-C4-16-××
		试验编号	×××
		委托编号	×××
工程名称及 使用部位	北京××大厦	试样编号	1-7#
委托单位	北京××建设集团工程总承包部	试验委托人	李××
材料名称 及规格	声光控延时开关 60W/250V	产地、厂别	江苏省海安县西蒙路1号 西蒙电气（中国）有限公司
代表数量	7只	来样日期	20××年××月××日	试验日期	20××年××月××日

要求试验项目及说明：

声光控延时开关试验项目：负载试验、过载试验、短路试验、光照度、标志、电气性能、夹线能力、绝缘电阻、电气强度、输入电压故障模拟试验、模拟安装、温升、高低温试验

检验说明：电子开关通用检验规范、样品送检单

试验结果：

负载试验、过载试验、短路试验、光照度、标志、电气性能、夹线能力、绝缘电阻、电气强度、输入电压故障模拟试验、模拟安装、温升、高低温试验检测结果，各单项均合格

结论：

依据电子开关通用检验规范，人体感应延时开关检验规范，产品送检单，产品的检测内容：负载试验、过载试验、短路试验、光照度、标志、电气性能、夹线能力、绝缘电阻、电气强度、输入电压故障模拟试验、模拟安装、温升、高低温试验检测结果各单项均合格，因此，试验结果为所检项目均合格，1～7号声光控延时开关检测均合格

产品检测报告附后。

批准	郭××	审核	宋××	试验	刘××
试验单位	××市产品质量监督检验所				
报告日期	20××年××月××日				

本表由检测机构提供。

产品检测报告

产品名称	声光控延时开关	产品编号	55605、59605、60347-50
型号规格	60W 白炽灯 220V/50Hz	样品等级	合格品
样品数量	7 只	生产日期	2008-4-23
样品识别	1-7#	检验类别	委托
抽样地点	—	抽样方式	—
抽样日期	—	接样日期	20××年××月××日
完成日期	20××年××月××日	委托部门	北京××大厦工程项目经理部
样品描述及说明	检测要求：（依据） 1. 电子开关通用检验规范 2. 样品送检单 50 系列、59 系列、60 系列产品开关（功能件一样） 新增元器件：1.5Ω 5W 线绕电阻器（深圳市翰海有限公司） 150℃温度保险丝（厦门塞尔特电子有限公司） BTA16/600B 可控硅（意大利 ST 公司上海友尚总代理）		
检测依据	电子开关通用检测规范、产品送检单	检测项目	14 项

检测内容	检测条款	项目及要求	检测结果	单项判定
	负载试验	1. 额定阻性负载 160W（白炽灯）	额定阻性负载 200W，未见异常	符合
		2. 额定感性负载 80W（日光灯、节能灯）	感性负载 100W，未见异常	符合
	过载保护	阻性负载小于 200W 不保护 阻性负载大于 400W 必保护	200W 以内不保护 400W 保护	符合 符合
	短路保护	工作过程中短路（阻性负载 160W）	工作过程中未出现异常	符合
	光照度	1～7lx 5～20lx	5.6 7.9	符合
	标志	1. 产品上应有产品名称、型号、制造商名称、额定电压、额定电流、额定功率、电源性质符号、负载性质及接线指示、接线警示标志	符合要求	符合
		2. 产品模刻、激光刻、丝印标志应符合相关标准、图纸、工艺要求，字迹、图案清晰，线条均匀，清晰易认，应无划伤、模糊、歪斜等现象	符合要求	

	检测条款	项目及要求	检测结果	单项判定
检测内容	电气性能	1. 产品按"产品使用说明书"接线图接线，施加 220V 电源电压，产品及其负载应能正常工作	产品能正常工作	符合
		2. 产品的发光二极管、氖灯、负载灯等发光良好，无明显闪烁、不明亮、黑点、损伤等现象；其他负载应正常工作，未出现异常现象	未出现异常	符合
	夹线能力	1. 对于使用 M3 螺钉的端子，连接未经处理的标称横截面积为 2.5mm^2（ϕ1.78mm）多股导线，用 34N·cm 的力矩拧紧螺钉、吊 50N 砝码，持续 1min 导线无明显位移、脱出	用 34N·cm 的力矩拧紧螺钉、吊 50N 砝码，持续 1min 导线无明显位移、脱出	符合
		2. 对于使用 M3 螺钉的端子，连接标称横截面积为 2.5mm^2（ϕ1.78mm）的单芯硬导线，用 34N·cm 的力矩拧紧螺钉、吊 50N 砝码，持续 1min 导线无明显位移、脱出	用 34N·cm 的力矩拧紧螺钉、吊 50N 砝码，持续 1min 导线无明显位移、脱出	符合
	绝缘电阻	开关各端子与固定螺钉之间分别施加 500VDC，1min 绝缘电阻应不小于 7MΩ	测试无异常	符合
	电气强度	电源电压≥220V 的开关（处于断开状态），各端子与固定螺钉之间分别施加 50Hz 或 60Hz 的 2kV（AC），1min 试验期间不应出现闪烁或击穿现象	测试无异常	符合
	输入电压故障模拟试验	将产品接额定负载、额定电压 AC220V 正常工作后，将产品输入电压调至 180V，又逐渐将产品输入电压调至 250V，试验期间，产品应能正常工作	由 220V→180V→250V 试验期间，能正常工作	符合
	模拟安装	产品能与公司明、暗装底盒安装使用，用 50N·cm 的力矩拧紧固定螺钉，产品与底盒配合良好	50N·m 的力矩拧紧固定螺钉，产品与底盒配合良好	符合
	温升	产品与暗装底盒配合，无外置制冷或制热环境下，接通≤AC250V 电源电压，带额定负载，工作 1h 待温度达到稳定后，电子元件温升符合相关标准要求	电阻温升为 48.3K 42.8K	符合
	高低温试验	a. −30℃带载放置 1h； b. 70℃ 不通电放置 2h 后，加载测试； c. 40℃带载放置 1h； d. 70℃带载放置 1h	试验后产品能正常工作	符合
检测结论		依据：电子开关通用检验规范、人体感应延时开关检验规范、产品送检单 试验结果为所检项目 __合格__ 。		

主检/日期：郭××　20××年××月××日　　　审核/日期：宋××　20××年××月××日

材料、构配件进场检验记录 表 C4-17					资料编号		06-C4-17-×× ×

工程名称				北京×× 大厦	检验日期	20××年××月××日	
序号	名称	规格 型号	进场 数量	生产厂家	检验项目	检验结果	备注
				合格证号			
1	焊接钢管	3/4 SC15	200 根	天津市利达钢管有限公司	外观、质量 证明文件	合格	

检验结论：

　以上钢管表面检查无锈蚀现象，钢管、型钢经游标卡尺测量，其管径、厚度均符合国家要求。材料质量证明文件齐全，其规格型号及数量均符合施工图设计及材料进场计划表的要求，同意办理材料进场相关手续。

　注：附产品质量证明书

签字栏	施工单位	北京××建设集团 工程总承包部	专业质检员	专业工长		检验员
			李××	吴××		赵××
	监理（建设） 单位	北京××监理有限责任公司	专业工程师			王××

本表由施工单位填写。

提料单位：

天津市利达钢管厂产品质量证明书

NO：

产品名称	焊接钢管		产品规格	¾″	产品批号		执行标准	GB 13091—2003

检测项目	单位	检 测 标 准 内 容 要 求	提货数量 实测结果	结论
抗拉强度（Rm）	N/mm²	Q215 时≥335；Q235 时≥375	450	合格
断后伸长率	%	外径≤168.3mm，≥15；外径＞168.3mm，≥20	18	合格
弯曲实验	—	管材不带充物目焊缝位于弯曲方向外侧 R=6 外径，90°弯曲	完好	合格
水压实验	MPa	最大 5.0	4.2	合格
压扁实验	—	两平板间距离为钢管外径的 2/3 时焊缝不应出现裂缝和裂口；两平板间距离为钢管外径的 1/3 时焊缝以外不能出现裂缝和裂口；继续压扁至相对管壁贴合不允许出现分层和金属结结现象	—	—
涡流探伤	—	逐支：执行 GB/T 7735	符合	合格
化学成分 %	C	0.12～0.17	0.15	合格
	Si	≤0.30	0.26	合格
	Mn	0.30～0.70	0.41	合格
	P	≤0.045	0.033	合格
	S	≤0.045	0.034	合格
表面质量要求		符合标准要求	符合	合格
其他说明		—	—	

检测结论：

经检测该批钢管符合合标准要求

发证部门（盖章）

天津市利达钢管厂 质检科

	质检员	董新良印
	钢级/材质	Q335

注意事项：

1. 此报告无天津市利达钢管厂质检章无效；
2. 此报告无质检员、审核人签字（盖章）无效；
3. 本检验报告只对本公司产品负责；
4. 此报告涂改复印无效。

厂址：天津市西青开发区王村工业园区（外环线津淄桥南 4 公里）；

电话：022－23971371；传真：022－23979360；

邮编：300381

填证人	陈如芳印	审核人	聂希东印	填证日期

49

设备开箱检查记录 表 C4-18		资料编号	06-C4-18-×××
工程名称	北京××大厦	检查日期	20××年××月××日
设备名称	低压成套配电柜	规格型号	MNS
生产厂家	北京××成套设备有限责任公司	产品合格证编号	BJ-01-1～12
总数量	12 台	检验数量	12 台

进场检验记录	
包装情况	包装完整良好，无损坏，设备规格型号标识明确
随机文件	出厂合格证、产品检验报告、产品试验报告、生产厂家资质证书
备件与附件	箱体连接用橡胶条、螺栓、螺母、垫片齐全，二次接线图纸齐全
外观情况	外观良好，无损坏、锈蚀现象。柜内电器元件排列整齐，线束绑扎整齐
测试情况	绝缘电阻测试符合设计要求

缺、损附备件明细表

序号	附配件名称	规格	单位	数量	备注

检验结论：

　　12 台低压 MNS 配电柜开箱检查，其包装情况、随机文件、备件与附件、外观情况及测试情况良好，符合施工图设计及《建筑电气工程施工质量验收规范》（GB 50303—2002）要求。12 台低压 MNS 配电柜内电器元件无损坏、丢失，接线无脱落现象，铭牌标识齐全。设备开箱检查合格。

签字栏	建设（监理）单位	施工单位	供应单位
	王××	李××	张××

本表由施工单位填写。

隐蔽工程检查记录 表 C5-1		资料编号	06-C5-1-××
工程名称		北京××大厦	
隐检项目	照明系统紧定式镀锌钢导管暗配	隐检日期	20××年××月××日
隐检部位	地下一层　　①～③轴/Ⓗ轴、①～⑮轴/Ⓢ轴线　－3.6m 标高		

隐检依据：施工图图号 <u>电施-02</u> ，设计变更/洽商（编号 <u>　/　</u> ）及有关国家现行标准等。
主要材料名称及规格/型号：<u>紧定式镀锌钢导管：JDG16、JDG20</u>

隐检内容：

1. 本段照明系统分别采用 JDG16、JDG20 紧定式镀锌钢导管，其标高、位置符合施工图设计要求。

2. 管盒间采用专用锁母固定，爪形螺母拧紧牢固，外露丝扣 2～3 扣。

3. 管路间采用专用套管连接，管口端部平整、光滑，无毛刺、无变形。两管口分别插入专用套管中间，用力矩扳手将紧定螺钉旋紧至螺帽脱落。管路固定间距不大于 1m。

4. 管的弯曲半径为管外径的 10 倍，弯扁度小于 $0.1D$。

5. 管路保护层的厚度大于 15mm。

影像资料的部位、数量：
地下一层，①～③轴/Ⓗ轴、①～⑮轴/Ⓢ轴线，－3.6m 标高。影像资料数量为一份。（照片略）

申报人：郭××

检查意见：

经检查：符合施工图设计及《建筑电气工程施工质量验收规范》（GB 50303—2002）要求。

检查结论：☑ 同意隐蔽　　　　　　　　　　　　　　□ 不同意，修改后进行复查

复查结论：

复查人：　　　　　　　　　　　　　　　　　　　　复查日期：

签字栏	施工单位	北京××建设集团 工程总承包部	专业技术负责人	专业质检员	专业工长
			李××	吴××	徐××
	监理（建设）单位	北京××监理有限责任公司		专业工程师	王××

本表由施工单位填写，并附影像资料。

隐蔽工程检查记录 表 C5-1		资料编号	06-C5-1-×××
工程名称		北京××大厦	
隐检项目	照明系统焊接钢管暗配	隐检日期	20××年××月××日
隐检部位	地下一层①～③轴/Ⓗ轴、①～⑮轴/Ⓢ轴线 －3.6m 标高		

隐检依据：施工图图号__电施-02__，设计变更/洽商（编号___/___）及有关国家现行标准等。
主要材料名称及规格/型号：焊接钢管：SC15、SC20

隐检内容：

1. 本段照明系统分别采用 SC15、SC20 焊接钢管，其规格、标高、位置符合施工图设计要求。

2. 管内壁已做好防腐处理。管进箱盒不大于 5mm，两根以上管路进箱盒间距均匀，排列整齐。管盒间采用专用锁母固定，管口光滑无毛刺，已封堵严密。

3. 管路连接采用套管连接，套管长度为管外径的 2.2 倍，两管置于套管中间，管口对接严密，套管焊接饱满。

4. 管的弯曲半径为管外径的 10 倍，弯扁度小于 0.1D。

5. 管与盒跨接线采用 ϕ6 钢筋，跨接长度为其直径的 6 倍，双面施焊无夹渣咬肉现象，焊药清理干净。

6. 管路保护层的厚度大于 15mm。

影像资料的部位、数量：
地下一层，①～③轴/Ⓗ轴、①～⑮轴/Ⓢ 轴线，－3.6m 标高。影像资料数量为一份。（照片略）

申报人：郭××

检查意见：

经检查：符合施工图设计及《建筑电气工程施工质量验收规范》（GB 50303—2002）要求。

检查结论：☑ 同意隐蔽   □不同意，修改后进行复查

复查结论：

复查人：   复查日期：

签字栏	施工单位	北京××建设集团 工程总承包部	专业技术负责人	专业质检员	专业工长
			李××	吴××	徐××
	监理（建设）单位	北京××监理有限责任公司		专业工程师	王××

本表由施工单位填写，并附影像资料。

隐蔽工程检查记录 表 C5-1		资料编号	06-C5-1-×××
工程名称	北京××大厦		
隐检项目	动力系统热镀锌钢管暗配	隐检日期	20××年××月××日
隐检部位	地下一层①～③轴/⑪轴、①～⑮轴/⑤ 轴线 －3.6m 标高		

隐检依据：施工图图号　电施-06　，设计变更/洽商（编号　/　）及有关国家现行标准等。
主要材料名称及规格/型号：热镀锌钢管：RC20、RC25

隐检内容：

1. 本段动力系统分别采用 RC20、RC25 热镀锌钢管，其规格、标高、位置符合施工图设计要求。

2. 管进箱盒不大于 5mm，两根以上管路进箱盒间距均匀，排列整齐。管盒间采用专用锁母固定，管口光滑无毛刺，已封堵严密。管与盒间采用 RV-4mm² 黄绿相间软铜线做跨接线，其选用镀锌卡子与镀锌钢管相适配。

3. 管路连接采用通丝管箍连接，两管置于通丝管箍中间管口对接严密。管路间采用 RV-4mm² 黄绿相间软铜线做跨接线，其选用镀锌卡子与镀锌钢管相适配。

4. 管的弯曲半径为管外径的 10 倍，弯扁度小于 0.1D。

5. 管路保护层的厚度大于 15mm。

影像资料的部位、数量：
地下一层，①～③轴/⑪轴、①～⑮轴/⑤ 轴线，－3.6m 标高。影像资料数量为一份。（照片略）

申报人：郭××

检查意见：

经检查：符合施工图设计及《建筑电气工程施工质量验收规范》（GB 50303—2002）要求。

检查结论：☑ 同意隐蔽　　　　　　　　　　　　　　□不同意，修改后进行复查

复查结论：

复查人：　　　　　　　　　　　　　　　　　　　　复查日期：

签字栏	施工单位	北京××建设集团 工程总承包部	专业技术负责人	专业质检员	专业工长
			李××	吴××	徐××
	监理（建设）单位	北京××监理有限责任公司	专业工程师		王××

本表由施工单位填写，并附影像资料。

隐蔽工程检查记录 表 C5-1		资料编号	06-C5-1-××
工程名称		北京××大厦	
隐检项目	吊顶内照明系统紧定式镀锌钢导管敷设	隐检日期	20××年××月××日
隐检部位	地下一层①～③轴/⑪轴、①～⑮轴/⑤ 轴线 －5.6m 标高		

隐检依据：施工图图号＿＿＿电施-06＿＿＿，设计变更/洽商（编号＿＿＿/＿＿＿）及有关国家现行标准等。

主要材料名称及规格/型号：紧定式镀锌钢导管：JDG16、JDG20

隐检内容：

1. 本段照明系统分别采用 JDG16、JDG20 紧定式镀锌钢导管，其标高、位置符合施工图设计要求。

2. 管路采用吊杆（φ8 圆钢）固定，管路顺直，固定间距不大于 1m。吊杆固定牢固，表面均匀涂刷防锈漆。

3 管盒间采用专用锁母固定，爪形螺母拧紧牢固，外露丝扣 2～3 扣。

4. 管路间采用专用套管连接，管口端部平整、光滑，无毛刺、无变形。两管口分别插入专用套管中间，用力矩扳手将紧定螺栓旋紧至螺帽脱落。管路固定间距不大于 1m。

5. 管的弯曲半径为管外径的 10 倍，弯扁度小于 0.1D。

影像资料的部位、数量：

地下一层，①～③轴/⑪轴、①～⑮轴/⑤ 轴线，－5.6m 标高。影像资料数量为一份。（照片略）

申报人：郭××

检查意见：

经检查：符合施工图设计及《建筑电气工程施工质量验收规范》（GB 50303—2002）要求。

检查结论：☑ 同意隐蔽   □不同意，修改后进行复查

复查结论：

复查人：   复查日期：

签字栏	施工单位	北京××建设集团 工程总承包部	专业技术负责人	专业质检员	专业工长
			李××	吴××	徐××
	监理（建设）单位	北京××监理有限责任公司		专业工程师	王××

本表由施工单位填写，并附影像资料。

54

交接检查记录 表 C5-2		资料编号	06-C5-2-×××
工程名称		北京××大厦	
移交单位名称	北京××建设集团工程总承包部	接受单位名称	北京××机电安装有限公司
交接部位	消防系统预留预埋管路	检查日期	20××年××月××日

交接内容：

    北京××建设集团工程总承包部是负责本工程消防系统预留预埋管路工作，现已施工完毕，将移交北京××机电安装有限责任公司进行消防系统的线缆敷设及设备安装、调试和运行。

检查结果：

    经移交单位、接受单位和监理单位三方共同检查，消防系统预留预埋管路已按施工图设计及《建筑电气工程施工质量验收规范》（GB 50303—2002）要求敷设完毕，并分别穿好带线，预留洞口位置及几何尺寸符合施工图设计要求，移交单位完成的作业内容满足接受单位日后开展作业的需求。

复查意见：

复查人：   复查日期：

签 字 栏	移交单位	接收单位
	李××	吴××

本表由移交单位填写。

施工检查记录（通用）表 C5-19		资料编号	06-C5-19-×××
工程名称		北京××大厦	
检查部位	地下一层	检查日期	20××年××月××日

检查依据：

北京××大厦电施－3图及《建筑电气工程施工质量验收规范》（GB 50303—2002）

检查内容：

1. 电力电缆进户管位置在地下一层①～⑨轴/Ⓐ～Ⓑ轴线墙体，进户管中线距±0.00m标高为－1.2m。

2. 电力电缆进户管为6×SC125，止水钢板厚为10mm，焊接钢管与止水钢板焊缝应均匀饱满密实，无夹渣咬肉缺陷。

3. 6×SC125进户管内外端口均打喇叭口，内部涂刷两遍防锈漆，外部涂刷沥青油两遍，10mm止水钢板与防雷接地装置做可靠连接，所有管口均用填料封堵严实。

4. 电力电缆进户管沿水平方向，向下倾斜5°，防止渗水沿电力电缆进入配电室。

检查意见：

经检查：符合施工图设计及《建筑电气工程施工质量验收规范》（GB 50303—2002）要求。

复查意见：

复查人：   复查日期：

施工单位		北京××建设集团工程总承包部	
专业技术负责人	专业质检员		专业工长
李××	吴××		徐××

本表由施工单位填写。

施工检查记录（通用） 表 C5-19		资料编号	06-C5-19-×××
工程名称		北京××大厦	
检查部位	A 座 2 段 3 层	检查日期	20××年××月××日

检查依据：

北京××大厦电施－26 图及《建筑电气工程施工质量验收规范》（GB 50303—2002）

检查内容：

1. 开关、插座的规格、型号选型，其标高、位置符合施工图设计要求。

2. 接线盒内杂物应清理干净，四周收口方正。

3. 开关、插座面板安装平正、牢固，紧贴墙面，四周无缝隙，表面清洁，无划伤痕迹，装饰帽齐全。

4. 开关面板开启方向正确，灵敏可靠，且所控灯具位置一一对应。

5. 经相位测试仪检测，插座面板的零线、相线、接地保护线连接正确。

检查意见：

经检查：符合施工图设计及《建筑电气工程施工质量验收规范》（GB 50303—2002）要求。

复查意见：

复查人：   复查日期：

施工单位	北京××建设集团工程总承包部	
专业技术负责人	专业质检员	专业工长
李××	吴××	徐××

本表由施工单位填写。

施工检查记录（通用） 表 C5-19		资料编号	06-C5-19-××
工程名称	北京××大厦		
检查部位	B座1段12层	检查日期	20××年××月××日

检查依据：

北京××大厦电施－47图及《建筑电气工程施工质量验收规范》（GB 50303—2002）

检查内容：

1. 照明配电箱的规格、型号、标高、位置符合施工图设计要求。

2. 照明配电箱安装牢固，垂直度小于1.5‰，照明配电箱底边距地面为1.8m。

3. 箱内分别设置零线（N）和保护地线（PE）汇流排，零线和保护地线经汇流排配出。

4. 箱内小型断路器开关动作灵活可靠。漏电保护器动作电流不大于30mA，动作时间不大于0.1s，断路器、漏电保护器与轨道连接牢固。

5. 箱内配线整齐，无绞接现象。相线（L1/L2/L3）、零线（N）和保护地线（PE）绝缘层颜色正确。

6. 垫圈下的内六角螺栓压接的导线牢固，盘圈无外露现象，防松垫圈适配且齐全。

7. 照明箱门内侧附二次接线图。

检查意见：

经检查：符合施工图设计及《建筑电气工程施工质量验收规范》（GB 50303—2002）要求。

复查意见：

复查人：   复查日期：

施工单位	北京××建设集团工程总承包部	
专业技术负责人	专业质检员	专业工长
李××	吴××	徐××

本表由施工单位填写。

施工检查记录（通用） 表 C5-19		资料编号	06-C5-19-××
工程名称	北京××大厦		
检查部位	屋面	检查日期	20××年××月××日

检查依据：

　　北京××大厦电施－87 图及《建筑电气工程施工质量验收规范》（GB 50303—2002）

检查内容：

　　1. 本工程屋面避雷带选用 φ12 热镀锌圆钢，材质、规格、位置符合施工图设计要求。

　　2. 支架固定间距，转角处为 300mm，直线段平整顺直，固定可靠，每个支架经弹簧拉力器垂直拉力试验均大于 49N。

　　3. 建筑物屋面的避雷针、避雷带与机电设备的基础、过人扶梯的金属部分连成一个整体的电气通路，且与避雷引下线做可靠连接。

　　4. 避雷网均与避雷引下线可靠焊接，采用双面焊接，搭接长度为圆钢直径的 6 倍。焊接牢固，焊缝饱满，无夹渣、咬肉、虚焊等缺陷。所有焊缝处均已做好防腐处理。

　　5. 女儿墙上敷设的避雷带跨越建筑物的沉降缝，设置有补偿装置。

　　6. 屋面建筑电气施工图设计的避雷引下线的位置均采用白底黑色标识，数量经核对无误，符合电气工程施工图的设计要求。

检查意见：

　　经检查：符合施工图设计及《建筑电气工程施工质量验收规范》（GB 50303—2002）要求。

复查意见：

复查人：　　　　　　　　　　　　　　　　　　　　　　　　复查日期：

施工单位	北京××建设集团工程总承包部	
专业技术负责人	专业质检员	专业工长
李××	吴××	徐××

本表由施工单位填写。

施工检查记录（通用）表 C5-19		资料编号	06-C5-19-×××
工程名称		北京××大厦	
检查部位	室外地坪 0.5m 处	检查日期	20××年××月××日

检查依据：

　　北京××大厦电施－89 图及《建筑电气工程施工质量验收规范》（GB 50303—2002）

检查内容：

　　1. 本工程防雷接地测试点采用 25mm×4mm 热镀锌扁钢，材质、规格、位置符合施工图设计要求。

　　2. 热镀锌扁钢与避雷引下线做可靠焊接，采用双面焊接，搭接长度为圆钢直径的 6 倍。焊接牢固，焊缝饱满，无夹渣、咬肉、虚焊等缺陷。

　　3. 接地电阻测试点应设置在暗箱内，且有明显标识，箱底边距室外地坪 0.5m。箱门开启灵活，设有钥匙，并可防止雨水进入箱内。

　　4. 相关附件如：镀锌螺杆、镀锌弹簧垫片、镀锌平光垫片、镀锌燕尾螺母齐全。

　　5. 测试接地装置的接地电阻为 0.5Ω，符合施工图设计要求。

检查意见：

　　经检查：符合施工图设计及《建筑电气工程施工质量验收规范》（GB 50303—2002）要求。

复查意见：

复查人：		复查日期：	
施工单位	北京××建设集团工程总承包部		
专业技术负责人	专业质检员		专业工长
李××	吴××		徐××

本表由施工单位填写。

施工检查记录（通用） 表 C5-19		资料编号	06-C5-19-×××
工程名称	北京××大厦		
检查部位	B座1段12层	检查日期	20××年××月××日

检查依据：

北京××大厦电施－52图及《建筑电气工程施工质量验收规范》（GB 50303—2002）

检查内容：

1. 电气竖井内安装电缆桥架，电缆桥架内电力电缆应排布顺直，间距设置合理。卡具与电缆桥架横担相适配。

2. 电缆支持点间距：全塑型电力电缆水平敷设为400mm，垂直敷设为1000mm。

3. 电缆桥架外侧敷设一条 40mm×4mm 通长的镀锌扁钢，与综合接地装置做可靠连接。

4. 电缆的首端、末端和分支处均设置有标识牌，标识牌注名电力电缆的规格、型号、用途，且标识牌采用塑封袋，防止潮气侵蚀。

5. 电缆桥架穿越电气竖井底板时，设置有挡水台。防止积水进入电缆桥架，发生电化学反应，对电缆桥架防火涂层的破坏。

6. 电缆桥架穿越电气竖井顶板时，设置有金属网起到支撑的作用，防止防火枕坠落。

检查意见：

经检查：符合施工图设计及《建筑电气工程施工质量验收规范》（GB 50303—2002）要求。

复查意见：

复查人：		复查日期：	
施工单位	北京××建设集团工程总承包部		
专业技术负责人	专业质检员		专业工长
李××	吴××		徐××

本表由施工单位填写。

电气接地电阻测试记录 表 C6-23		资料编号		06-C6-23-×× ×
工程名称	北京××大厦	测试日期		20××年××月××日
仪表型号	ZC-8	天气情况	晴	气温（℃） 20
接地类型	□ 防雷接地　　□ 计算机接地　　□ 工作接地 □ 保护接地　　□ 防静电接地　　□ 逻辑接地 □ 重复接地　　☑ 综合接地　　□ 医疗设备接地			
设计要求	□ ≤10Ω　　　□ ≤4Ω　　　☑ ≤1Ω □ ≤0.1Ω　　　□ ≤Ω　　　□			
试验结论： 　　利用土建主体结构底板钢筋作为防雷接地自然接地体，所有底板钢筋焊接点连接可靠，并在结构主筋上做标识。土建专业在开盘鉴定之前，依据防施-4 图标注的避雷引下点进行摇测，各点的防雷接地阻值均小于 1Ω（选最大值乘以季节系数）。符合施工图设计要求。				
签字栏	施工单位	北京××建设集团 工程总承包部	专业技术负责人　　专业质检员　　专业工长 　　李××　　　　　吴××　　　　徐××	
	监理（建设）单位	北京××监理有限责任公司		专业工程师　　王××

本表由施工单位填写。

电气防雷接地装置隐检与平面示意图 表 C6-24			资料编号		06-C6-24-××
工程名称	北京××大厦		图号		防施-9
接地类型	重复接地	组数	2	设计要求	≤1Ω

接地装置平面示意图（绘制比例要适当，注明各组别编号及有关尺寸）

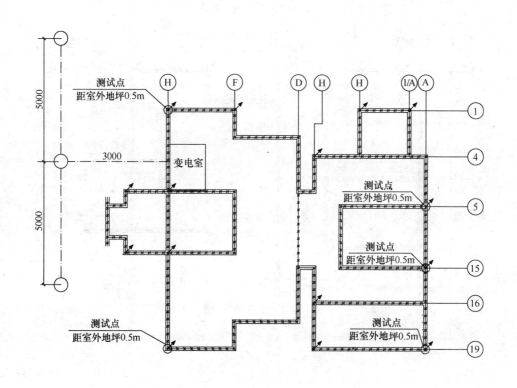

接地装置敷设情况检查表（尺寸单位：mm）				
沟槽尺寸	10000×600×800	土质情况	砂质黏土	
接地极规格	40×40×4 镀锌角钢	打进深度	2500	
接地体规格	40×4 镀锌扁钢	焊接情况	饱满	
防腐处理	刷沥青油两道	接地电阻	（取最大值）0.8Ω	
检验结论	符合施工图设计要求	检验日期	20××年××月××日	
签字栏	施工单位	北京××建设集团 工程总承包部	专业技术负责人	专业质检员	专业工长
			李××	吴××	徐××
	监理（建设） 单位	北京××监理有限责任公司	专业工程师		王××

本表由施工单位填写。

电气接地装置隐检与平面示意图表 表 C6-24			资料编号		06-C6-24-××
工程名称	北京××大厦		图号		防施-12
接地类型	综合接地	组数	一	设计要求	≤1Ω

接地装置平面示意图（绘制比例要适当，注明各组别编号及有关尺寸）

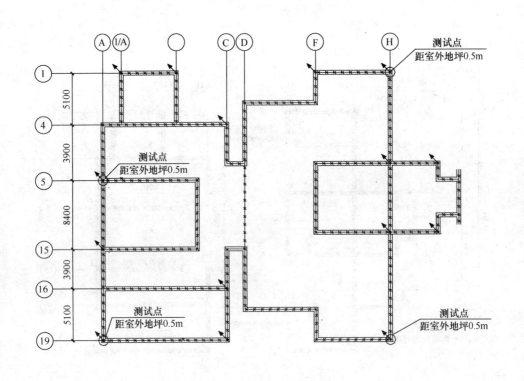

接地装置敷设情况检查表（尺寸单位：mm）

沟槽尺寸	/		土质情况		砂质黏土
接地极规格	利用基础结构底板钢筋		打进深度		−3000
接地体规格	40×4 镀锌扁钢		焊接情况		饱满
防腐处理	刷沥青油两道		接地电阻		（取最大值）0.4Ω
检验结论	符合施工图设计要求		检验日期		20××年××月××日
签字栏	施工单位	北京××建设集团 工程总承包部	专业技术负责人	专业质检员	专业工长
			李××	吴××	徐××
	监理（建设）单位	北京××监理有限责任公司		专业工程师	王××

本表由施工单位填写。

电气绝缘电阻测试记录 表 C6-25								资料编号			06-C6-25-××
工程名称		北京××大厦						测试日期		20××年××月××日	
计量单位		MΩ						天气情况		晴	
仪表型号		ZC-7		电压			500		气温		15℃

试验内容		相间			相对零			相对地			零对地
		L_1-L_2	L_2-L_3	L_3-L_1	L_1-N	L_2-N	L_3-N	L_1-PE	L_2-PE	L_3-PE	$N-PE$
层数、路别、名称、编号	首层										
	A 户箱										
	照明支路 1				300			320			300
	照明支路 2				340			340			310
	照明支路 3				330			320			300
	插座支路 1				290			290			280
	空调支路 2				300			300			280
	厨房插座 3				230			230			280
	卫生间插座 4				230			210			200
	B 户箱										
	照明支路 1				330			320			320
	照明支路 2				320			310			300
	照明支路 3				320			330			310
	插座支路 1				290			280			280

测试结论:

经现场对首层 A 户箱、B 户箱各支路分别摇测绝缘电阻值,其绝缘电阻值符合施工图设计及《建筑电气工程施工质量验收规范》(GB 50303—2002)要求,测试结论为合格。

签字栏	施工单位	北京××建设集团 工程总承包部	专业技术负责人	专业质检员	专业工长
			李××	吴××	徐××
	监理(建设)单位	北京××监理有限责任公司		专业工程师	王××

本表由施工单位填写。

电气绝缘电阻测试记录 表 C6-25							资料编号		06-C6-25-××			
工程名称		北京××大厦					测试日期		20××年××月××日			
计量单位		MΩ					天气情况		晴			
仪表型号		ZC-7			电压			500			气温	25℃

试验内容		相间			相对零			相对地			零对地
		L_1-L_2	L_2-L_3	L_3-L_1	L_1-N	L_2-N	L_3-N	L_1-PE	L_2-PE	L_3-PE	$N-PE$
层数、路别、名称、编号	地下室一层										
	空调机房1号风机										
	电动机接线盒	320	320	320				310	310	310	

测试结论：

经现场对地下室一层空调机房1号风机摇测，其绝缘电阻值符合施工图设计及《建筑电气工程施工质量验收规范》（GB 50303—2002）要求，测试结论为合格。

签字栏	施工单位	北京××建设集团 工程总承包部	专业技术负责人	专业质检员	专业工长
			李××	吴××	徐××
	监理（建设）单位	北京××监理有限责任公司		专业工程师	王××

本表由施工单位填写。

电器器具通电安全检查记录 表C6-26																				资料编号					06-C6-26-×××			

工程名称	北京××大厦	检查日期	20××年××月××日

楼门单元或区域场所	北京××大厦 A座1段首层

层数	开关									灯具									插座								
	1	2	3	4	5	6	7	8	9	1	2	3	4	5	6	7	8	9	1	2	3	4	5	6	7	8	9
首层	√	√	√	√	√	√	√	√	√	√	√	√	√	√	√	√	√	√	√	√	√	√	√	√	√	√	√
																			√	√	√	√	√				
																			√	√	√	√	√				

检查结论:

经对A座1段首层1区区域内所有电器器具进行通电安全检查:开关面板开启方向正确,灵敏可靠,且所控灯具位置一一相对应。插座面板的零线、相线、接地保护线经相位测试仪检测连接正确。符合施工图设计及《建筑电气工程施工质量验收规范》(GB 50303—2002)要求。

签子栏	施工单位	北京××建设集团工程总承包部	
	专业技术负责人	专业质检员	专业工长
	李××	吴××	徐××

本表由施工单位填写。

电气设备空载试运行记录 表 C6-27							资料编号		06-C6-27-×× ×

工程名称	北京××大厦								
试运项目	3号污水泵				填写日期		20××年××月××日		
试运时间	由 当 日 8 时 0分开始至 次 日 10 时 0分结束								

	试运时间	运行电压（V）			运行电流（A）			温度 （℃）	
		L_1-N （L_1-L_2）	L_2-N （L_2-L_3）	L_3-N （L_3-L_1）	L_1 相	L_2 相	L_3 相		
运行负荷记录	8：00	380	380	380	5	5	5	15	
	8：00～9：00	380	380	380	5	5	5	30	
	9：00～10：00	380	380	380	5	5	5	30	

试运行情况记录：

A座1段地下一层3号污水泵经2h空载试运行，其电流、电压测量值正常，温升测量值在允许的范围内，无异常噪声，无异味。符合施工图设计及《建筑电气工程施工质量验收规范》（GB 50303—2002）要求。试运行为合格。

签字栏	施工单位	北京××建设集团 工程总承包部	专业技术负责人	专业质检员	专业工长
			李××	吴××	徐××
	监理（建设）单位	北京××监理有限责任公司		专业工程师	王××

本表由施工单位填写。

建筑物照明通电试运行记录 表 C6-28							资料编号	06-C6-28-×××

工程名称		北京××大厦					公建☑ /住宅□	
试运项目		照明系统试运行			填写日期		20××年××月××日	
试运时间		由 当 日 8 时 0 分开始至 次 日 8 时 0 分结束						

	试运时间	运行电压（V）			运行电流（A）			温度（℃）
		L_1-N (L_1-L_2)	L_2-N (L_2-L_3)	L_3-N (L_3-L_1)	L_1 相	L_2 相	L_3 相	
运行负荷记录	8：00	230	230	230	25	25	25	15
	8：00～10：00	230	230	230	25	25	25	30
	10：00～12：00	220	220	220	26	26	26	30
	12：00～14：00	220	220	220	26	26	26	30
	14：00～16：00	220	220	220	26	26	26	30
	16：00～18：00	225	225	225	28	28	27	30
	18：00～20：00	215	215	215	26	26	26	32
	20：00～22：00	215	215	215	26	26	26	32
	22：00～24：00	220	220	220	26	26	26	32
	24：00～2：00	220	220	220	28	28	27	30
	2：00～4：00	215	215	215	26	26	26	30
	4：00～6：00	220	220	220	28	28	27	30
	6：00～8：00	220	220	220	26	26	26	30

试运行情况记录：

经24h照明系统全负荷试运行，照明控制柜电压、电流数值波动变化不大，干线电缆、支路导线的温升在允许范围内，灯具发光无闪烁现象，符合施工图设计及《建筑电气工程施工质量验收规范》（GB 50303—2002）要求。照明系统试运行为合格。

签字栏	施工单位	北京××建设集团 工程总承包部	专业技术负责人	专业质检员	专业工长
			李××	吴××	徐××
	监理（建设）单位	北京××监理有限责任公司		专业工程师	王××

本表由施工单位填写。

大型照明灯具承载试验记录 表 C6-29			资料编号	06-C6-29-×××
工程名称		北京××大厦		
层数	首层		试验日期	20××年××月××日
灯具名称	安装部位	数量	灯具自重（kg）	试验自重（kg）
水晶花灯	首层大厅	3	52	110

试验结论：

　　三套水晶花灯的预埋吊钩均为 ϕ12 镀锌圆钢件，在吊钩上承载 110kg 重物，20min，且离地面 0.5m，预埋件安全可靠，符合施工图设计及《建筑电气工程施工质量验收规范》（GB 50303—2002）要求，试验结论为合格。

签字栏	施工单位	北京××建设集团 工程总承包部	专业技术负责人	专业质检员	专业工长
			李××	吴××	徐××
	监理（建设） 单位	北京××监理有限责任公司		专业工程师	王××

本表由施工单位填写。

漏电开关模拟试验记录 表 C6-30			资料编号		06-C6-30-×××	
工程名称		北京××大厦				
试验器具		漏电开关测试仪		试验日期		20××年××月××日
安装部位	型　号	设计要求		实际测试		
		动作电流 （mA）	动作时间 （ms）	动作电流 （mA）	动作时间 （ms）	
一层 A 户箱						
插座	4506A	30	100	30	60	
卫生间插座	4506A	30	100	30	62	

测试结论：

　　经对一层 A 户箱内设置的漏电开关进行测试。其动作电流、动作时间采用漏电开关测试仪现场测试，其动作电流、动作时间均符合施工图设计及《建筑电气工程施工质量验收规范》（GB 50303—2002）要求。一层 A 户箱测试结论为合格。

签字栏	施工单位	北京××建设集团 工程总承包部	专业技术负责人	专业质检员	专业工长
			李××	吴××	徐××
	监理（建设）单位	北京××监理有限责任公司		专业工程师	王××

本表由施工单位填写。

大容量电气线路结点测温记录 表 C6-31		资料编号		06-C6-31-×× ×
工程名称		北京××大厦		
测试地点	地下一层配电室	测试品种		导线□/母线□/开关☑
测试工具	红外线测温仪	测试日期		20××年××月××日
测试回路（部位）	测试时间	电流（A）	设计温度（℃）	测试温度（℃）
照明配电柜总开关	8：00～10：00	700	50	45
动力配电柜总开关	8：30～10：30	800	50	45

测试结论：

对地下一层配电室内的照明配电柜、动力配电柜设置的总开关工作电流、工作温度进行测试。其工作电流、工作温度采用钳式电流表、红外线测温仪测量，照明配电柜、动力配电柜设置的总开关所有大容量结点工作温度，均在设计允许温度变化范围内，符合施工图设计及《建筑电气工程施工质量验收规范》（GB 50303—2002）要求。测试结论为合格。

签字栏	施工单位	北京××建设集团 工程总承包部	专业技术负责人	专业质检员	专业工长
			李××	吴××	徐××
	监理（建设） 单位	北京××监理有限责任公司		专业工程师	王××

本表由施工单位填写。

72

避雷带支架拉力测试记录 表 C6-32				资料编号		06-C6-32-×× ×	
工程名称			北京××大厦				
测试部位		屋面避雷带		测试日期		20××年××月××日	
序号	拉力（N）	序号	拉力（N）	序号	拉力（N）	序号	拉力（N）
1	58.2	18	58.2	34	58.2	50	58.3
2	58.2	19	58.3	35	58.2	51	58.2
3	58.3	20	58.2	36	58.3	52	58.3
4	58.4	21	58.3	37	58.3	53	58.3
5	58.2	22	58.3	38	58.3	54	58.2
6	58.1	23	58.2	39	58.3	55	58.2
8	58.2	24	58.1	40	58.2	56	58.2
9	58.2	25	58.3	41	58.1	57	58.2
10	58.2	26	58.3	42	58.2	58	58.3
11	58.3	27	58.2	43	58.2	59	58.2
12	58.4	28	58.2	44	58.1	60	58.1
13	58.3	29	58.1	45	58.1	61	58.1
14	58.2	30	58.1	46	58.4	62	58.3
15	58.3	31	58.3	47	58.1	63	58.1
16	58.2	32	58.2	48	58.3	64	58.2
17	58.3	33	58.3	49	58.1	65	58.2

检验结果：

　　屋面女儿墙避雷带水平方向敷设顺直，固定点间距不大于1m，弯曲段固定点间距为0.3m，镀锌弹簧垫片、螺母齐全，连接紧固。经现场测试支架拉承受力均大于58N，符合施工图设计及《建筑电气工程施工质量验收规范》（GB 50303—2002）要求。检验结果合格。

签字栏	施工单位	北京××建设集团 工程总承包部	专业技术负责人	专业质检员	专业工长
			李××	吴××	徐××
	监理（建设）单位	北京××监理有限责任公司		专业工程师	王××

本表由施工单位填写。

逆变应急电源测试记录 表 C6-33				资料编号	06-C6-33-××
工程名称	北京××大厦			施工单位	北京××大厦项目经理部
安装部位	A座1段地下一层设备间			测试日期	20××年××月××日
规格型号	75kW SKEPS			环境温度	30℃
检查测试内容				额定值	测试值
输入电压（V）				380	376
输出电压（V）	空　载			220	220
	满　载	正常运行		220	218
		逆变应急运行		220	216
输出电流（A）	满　载	正常运行		113	113
		逆变应急运行		113	120
能量恢复时间（h）				24	24
切换时间（s）				0.025	0.025
逆变储能供电能力（min）				90	110
过载能力（输出表观功率额定值120%的阻性负载）	正常运行	连续工作时间（min）		长期	长期
	逆变应急运行	连续工作时间（min）		90	90
噪声检测（dB）	正常运行			无噪声	0dB
	逆变应急运行			≤65	45
测试结果	75kW EPS应急电源各项测试指标均符合要求，其技术条件符合施工图设计及《逆变应急电源》（GB/T 21225—2007）标准要求，EPS应急电源工作试运行正常。				
签字栏	施工单位	北京××建设集团 工程总承包部	专业技术 负责人	专业质检员	专业工长
			李××	吴××	徐××
	监理（建设）单位	北京××监理有限责任公司		专业工程师	王××

本表由施工单位填写。

柴油发电机测试记录 表 C6-34		资料编号	06-C6-34-×××
工程名称	北京××大厦	施工单位	北京××大厦项目经理部
安装部位	地下一层机房	测试日期	20××年××月××日
规格型号	880kVA 康明斯	环境温度	30℃

检查测试内容		额定值	测试值
输出电压（V）	空　载	400	389
	满　载	230	228
输出电流（A）	满　载	1440	1380
切换时间（s）		1～15	2
逆变储能供电能力（min）		90	110
噪声检测（dB）	空　载	≤65	50
	满　载	≤103	86

测试结果	880kVA 康明斯柴油发电机组的各项测试指标均符合要求，机组整机技术条件符合施工图设计及《工频柴油发电机通用技术条件》（GB 2820—1990）标准要求，机组工作试运行正常。

签字栏	施工单位	北京××建设集团 工程总承包部	专业技术 负责人	专业质检员	专业工长
			李××	吴××	徐××
	监理（建设） 单位	北京××监理有限责任公司	专业工程师		王××

本表由施工单位填写。

低压配电电源质量测试记录 表 C6-35			资料编号		06-C6-35-×××
工程名称		北京××大厦			
施工单位		北京××大厦项目经理部	测试日期		20××年××月××日
测试设备名称及型号			环境温度		18℃
检查测试内容				测试值（V）	偏差（%）
供电电压	三相	A 相		380	0
		B 相		380	0
		C 相		365	−3.95%
	单相			213	−3.18%
公共电网 谐波电压	电压总谐波畸变率（%）				5
	奇次（1～25 次）谐波含有率（%）				4
	偶次（1～25 次）谐波含有率（%）				2
	谐波电流（A）				附检测设备打印记录
测试结果	满足《电能质量 供电电压偏差》（GB/T 12325—2008）标准的要求，10kV 及以下三相供电电压允许偏差为标称电压的−7%～+7%，220V 单相供电电压允许偏差为标称电压的−10%～+7%，测试结果为合格。				
签字栏	施工单位	北京××建设集团 工程总承包部	专业技术 负责人	专业质检员	专业工长
			李××	吴××	徐××
	监理（建设） 单位	北京××监理有限责任公司		专业工程师	王××

本表由施工单位填写。

76

第三章
智能建筑工程

第三章
野工成套治罗

分包单位资质报审表		资料编号	07-C1-6-××
表 C1-6			
工程名称	北京××大厦	日　期	20××年××月××日

致＿＿＿＿＿＿＿北京××建设监理有限责任公司＿＿＿＿＿＿＿＿（监理单位）：

经考察，我方认为拟选择的＿＿＿北京××网络设备安装有限责任公司＿＿＿（分包单位）具有承担下列工程的施工资质和施工能力，可以保证本工程项目按合同的约定进行施工。分包后，我方仍然承担总承包单位的责任。请予以审查和批准。

附：

☑ 分包单位资质材料（略）

☑ 分包单位业绩材料（略）

☑ 中标通知书（略）

分包工程名称（部位）	单　位	工程数量	其他说明
综合布线（B座）	系　统	1	专业分包

施工单位名称：北京××建设集团有限责任公司工程总承包部　项目部经理（签字）：李××

监理工程师审查意见：

经对北京××网络设备安装有限责任公司的企业资质、业绩材料的审查，该公司具备承担北京××大厦工程项目的综合布线系统的施工技术与管理能力。同意总承包部单位推荐的分包单位。

监理单位名称：北京××建设监理有限责任公司　监理工程师（签字）：王××　日期：20××年××月××日

总监理工程师审查意见：

同意总承包部单位推荐的北京××网络设备安装有限责任公司承担北京××大厦工程项目的综合布线系统。

监理单位名称：北京××建设监理有限责任公司　总监理工程师（签字）：齐××　日期：20××年××月××日

本表由施工单位填报，监理单位签署审批意见。

智能建筑工程安装质量检查记录 表 C5-18										资料编号				07-C5-18-××
工程名称						北京××大厦								
系统名称				综合布线系统				检查日期				20××年××月××日		
检查项目 检查部位	屏蔽对绞电缆的弯曲半径					金属线槽内缆线间的最小净距					对绞电缆芯线终接				
	1	2	3	4	5	1	2	3	4	5	1	2	3	4	5
A座1段1层	合格	合格	合格			合格	合格				合格	合格	合格	合格	
A座1段2层	合格	合格	合格			合格	合格				合格	合格	合格	合格	
A座1段3层	合格	合格	合格			合格	合格				合格	合格	合格	合格	
A座1段4层	合格	合格	合格			合格	合格				合格	合格	合格	合格	
A座1段5层	合格	合格	合格			合格	合格				合格	合格	合格	合格	
A座1段6层	合格	合格	合格			合格	合格				合格	合格	合格	合格	
A座1段7层	合格	合格	合格			合格	合格				合格	合格	合格	合格	
A座1段8层	合格	合格	合格			合格	合格				合格	合格	合格	合格	
A座1段9层	合格	合格	合格			合格	合格				合格	合格	合格	合格	
A座1段10层	合格	合格	合格			合格	合格				合格	合格	合格	合格	
A座1段11层	合格	合格	合格			合格	合格				合格	合格	合格	合格	
A座1段12层	合格	合格	合格			合格	合格				合格	合格	合格	合格	
A座1段13层	合格	合格	合格			合格	合格				合格	合格	合格	合格	
A座1段14层	合格	合格	合格			合格	合格				合格	合格	合格	合格	
A座1段15层	合格	合格	合格			合格	合格				合格	合格	合格	合格	
A座1段16层	合格	合格	合格			合格	合格				合格	合格	合格	合格	
A座1段17层	合格	合格	合格			合格	合格				合格	合格	合格	合格	
A座1段18层	合格	合格	合格			合格	合格				合格	合格	合格	合格	

检查结论：

　　屏蔽对绞电缆的弯曲半径至少为电缆外径的 8～10 倍，金属线槽内缆线间的最小净距、对绞电缆芯线终接符合《智能建筑工程质量验收规范》(GB 50339—2003) 标准及施工图设计要求，检查结论为合格。

签字栏	施工单位	北京××建设集团 工程总承包部	专业技术 负责人	专业质检员	专业工长
			李××	吴××	徐××
	监理（建设） 单位	北京××监理有限责任公司	专业工程师		王××

本表由施工单位填写。

监测与控制节能工程检查记录 表 C6-36		资料编号	07-C6-36-××
工程名称	北京××大厦	测试日期	20××年××月××日

序号	检查项目	检查内容及规范标准要求	检查结果
1	空调与采暖的冷源	控制及故障报警功能应符合设计要求	符合设计要求
2	空调与采暖的热源	控制及故障报警功能应符合设计要求	符合设计要求
3	空调水系统	控制及故障报警功能应符合设计要求	符合设计要求
4	通风与空调检测控制系统	控制及故障报警功能应符合设计要求	符合设计要求
5	供配电的监测与数据采集系统	监测采集的运行数据和报警功能应符合设计要求	符合设计要求
6	大型公共建筑的公共照明区	集中控制并按建筑使用条件和天然采光状况采取分区、分组控制，并按需要采取调光或降低照度的控制措施	公共照明区域采取分区控制措施
7	宾馆、饭店的每间（套）客房	应设置节能控制型开关	均设置节能控制型开关
8	居住建筑有天然采光的楼梯间、走道的一般照明	应采用节能自熄型开关	楼梯间、走道处均采用节能自熄型开关
9	房间或场所有两列或多列灯具的控制	所控灯列与侧窗平行	所控灯列与侧窗平行
		电教室、会议室、多功能厅、报告厅等场所按靠近或远离讲台分组	
10	庭院灯、路灯的控制	开启和熄灭时间应根据自然光线变换智能控制，其供电方式可采用太阳能	庭院灯的开启与熄灭时间采用智能化控制

签字栏	施工单位	北京××建设集团 工程总承包部	专业技术负责人	专业质检员	专业工长
			李××	吴××	徐××
	监理（建设）单位	北京××监理有限责任公司	专业工程师		王××

本表由施工单位填写。

智能建筑工程设备性能测试记录										资料编号	07-C6-37-×××
表 C6-37											

工程名称	北京××大厦								测试日期	20××年××月××日	
系统名称	照明自动控制系统										
设备名称	测试项目	测试记录								备注	
6 号照明配电柜	公共照明区域分区、分组控制效果	动作可靠	动作可靠	动作可靠	动作可靠	动作可靠					
6 号照明配电柜	客房节能控制型开关	动作可靠	动作可靠	动作可靠	动作可靠	动作可靠					
6 号照明配电柜	楼梯间、走廊的一般性照明的节能自熄开关	动作可靠	动作可靠	动作可靠	动作可靠	动作可靠				按照《建筑电气工程施工质量验收规范》（GB 50303—2002）中规定的数量要求，对现场设备性能进行测试	

结论：

　　按照《建筑电气工程施工质量验收规范》（GB 50303—2002）、《智能建筑工程质量验收规范》（GB 50339—2003）标准中规定的数量要求，对变配电室内 6 号照明配电柜性能进行测试。6 号照明配电柜对公共照明区域分区、分组控制效果，客房节能控制型开关，楼梯间、走廊的一般性照明的节能自熄开关动作可靠，设备性能测试正常。

签字栏	施工单位	北京××建设集团工程总承包部		专业技术负责人	专业质检员	专业工长
				李××	吴××	徐××
	监理（建设）单位	北京××监理有限责任公司		专业工程师	王××	

本表由施工单位填写。

综合布线系统工程电气性能测试记录 表 C6-38										资料编号	07-C6-38-×××	
工程名称			北京××大厦							测试日期		20××年××月××日
测试仪表型号						Fluke DSP-4300						

序号	编 号			内 容								记录
				电缆系统						光缆系统		
	地址号	缆线号	设备号	长度	接线图	衰减	近端串声（2端）	电缆屏蔽层连通情况	其他任选项目	衰减（MHz）	长度（m）	
1	2F-1	C-1	CAT-6 UTP	60m 61m 59m 60m	1/2 3/6 4/5 7/8	频率（MHZ）	永久链路（dB）	无	无			合格
						1	1.8	60				
						4	3.3	60				
						8	4.7	55				
						10	5.9	57				
						16	6.8	54				
						20	7.5	53				
						31.25	9.5	50				
						100	17	39				
						200	20	36				
						250	30	35				
2	F-1	C-26	A座 1段 12层 配线架							1.7	300	合格

结论：

经测试，符合《建筑电气工程施工质量验收规范》（GB 50303—2002）、《智能建筑工程质量验收规范》（GB 50339—2003）标准及施工图设计要求，综合布线系统工程电气性能测试为合格。

签字栏	施工单位	北京××建设集团 工程总承包部	专业技术 负责人	专业质检员	专业工长
			李××	吴××	徐××
	监理（建设） 单位	北京××监理有限责任公司	专业工程师		王××

本表由施工单位填写。

建筑物照明系统照度测试记录 表 C6-39			资料编号		07-C6-39-×××
工程名称			北京××大厦		
测试仪器具名称、型号		数字式照度计 TES-1336A		测试日期	20××年××月××日

测试部位	照度 (Lx)	功率密度 (kW/m²)	测试部位	照度 (Lx)	功率密度 (kW/m²)
A 座 1 段电梯间	150	13			
A 座 1 段走廊	100	6			
A 座 1 段客房	200	13			

测试结论:

　　经测试,建筑物照明系统的照度测试记录值满足北京市地方标准《绿色照明工程技术规程》(DBJ 01-607-2001)、《建筑节能工程施工质量验收规范》(GB 50411—2007)的要求,照明系统照度检测为合格。

签字栏	施工单位	北京××建设集团 工程总承包部	专业技术 负责人	专业质检员	专业工长
			李××	吴××	徐××
	监理(建设) 单位	北京××监理有限责任公司	专业工程师		王××

本表由施工单位填写。

84

通信网络系统 程控电话交换系统自检测记录 表 C6-40			资料编号	07-C6-40-×××
工程名称			北京××大厦	
部　位		A座首层机房	检测时间	20××年××月××日
检 测 内 容			检 测 记 录	备 注
1	通电测试前检查	标称工作电压为−48V	−46V	允许变化范围−57～−40V
2	硬件检查测试	可见可闻报警信号工作正常	经通电检测，硬件板卡无损坏之处，无异常气味	
3	系统检查测试	装入测试程序，通过自检，确认硬件系统无故障	系统支持维护升级和网络管理功能	
4	初验测试	可靠性	不得导致50％以上的用户线、中继线不能进行呼叫处理	符合规范要求	执行 YD 5077 规定
			每一用户群通话中断或停止接线，每群每月不大于 0.1 次	符合规范要求	
			中继群通话中断或停止接续：0.15 次/月（≤64 话路）；0.1 次/月（64～480 话路）	符合规范要求	
			个别用户不正常呼入、呼出接续：每千门用户，≤0.5 户次/月；每百条中继，0.5 线次/月	符合规范要求	
			一个月内，处理机再启动指标为1～5 次（包括3 类再启动）	符合规范要求	
			软件测试故障不大于 8 个/月，硬件更换印刷电路板次数每月不大于 0.05 次/100 户及 0.005 次/30 路 PCM 系统	符合规范要求	
			长时间通话，12 对话机保持 48h	符合规范要求	
		故障率测试：局内故障率不大于 3.4×10⁻⁴		符合设计要求	同时 40 个用户模拟呼叫 10 万次
		性能测试	本局呼叫	性能测试正常	每次抽测 3～5 次
			出、入局呼叫	性能测试正常	中继 100％测试
			汇接中继测试（各种方式）	性能测试正常	各抽测 5 次
			其他各类呼叫	性能测试正常	
			计费差错率指标不超过 10⁻⁴	性能测试正常	
			特殊服务业（特别电话 110、119、120 等）	性能测试正常	做 100％测试
			用户线接入调制解调器，传输速率为 2400bps，数据误码率不大于 1×10⁻⁵	性能测试正常	
			2B+D		
		中继测试：中继电路呼叫测试，抽测 2～3 条电路（包括各种状态）		性能测试正常	主要为信令和接口
		接通率测试	局间接通率应达99.96％以上	局间接通率为100％	60 对用户，10 万次
			局间接通率应达98％以上		呼叫 200 次
			采用人机命令进行故障诊断测试		

自检测结论：
经检测，符合《建筑电气工程施工质量验收规范》（GB 50303—2002）、《智能建筑工程质量验收规范》（GB 50339—2003）标准及施工图设计要求，程控电话交换系统检测为合格。

签字栏	施工单位	北京××建设集团 工程总承包部	专业技术负责人	专业质检员	检测人
			李××	吴××	徐××
	监理（建设）单位	北京××监理有限责任公司		专业工程师	王××

本表由施工单位填写。

85

通信网络系统 公共广播与紧急广播系统自检测记录 表 C6-41			资料编号	07-C6-41-×××
工程名称		北京××大厦		
部　位		A座首层机房	检测时间	20××年××月××日
检 测 内 容			检测记录	
1	安装质量	不平衡度	符合设计要求	
		音频线敷设	符合设计要求	
		接地及安装	符合设计要求	
		阻抗匹配	符合设计要求	
2	放声系统分布		符合设计要求	
3	音质质量	不平衡度	符合设计要求	符合设计要求者，为合格
		音频线敷设	符合设计要求	
		接地及安装	符合设计要求	
		阻抗匹配	符合设计要求	
4	声响效果主观评价		符合设计要求	
5	功能检测	业务内容	符合设计要求	
		消防联动	符合设计要求	
		功放冗余	符合设计要求	
		分区划分	符合设计要求	

检测结论：

　　经检测，符合《智能建筑工程质量验收规范》（GB 50339—2003）标准及施工图设计要求，公共广播与紧急广播系统检测为合格。

签字栏	施工单位	北京××建设集团 工程总承包部	专业技术 负责人	专业质检员	检测人
			李××	吴××	徐××
	监理（建设） 单位	北京××监理有限责任公司	专业工程师		王××

本表由施工单位填写。

通信网络系统 会议电视系统自检测记录 表 C6-42			资料编号	07-C6-42-×××
工程名称		北京××大厦		
部　位		A座首层机房	检测时间	20××年××月××日
检 测 内 容			检测记录	备　注
1	单机测试	指标符合设计或生产厂家说明书要求	符合设计及生产厂家说明书要求	执行 YD 5033 的规定或符合设计要求者，为合格
2	信道测试 （传输性能限值）	国内段电视会议链路：传输信道速率 2048kbps，误比特率（BER）$1×10^{-6}$；1 小时最大误码率 7142；1 小时严重误码率为 0；无误码秒（EFS％）92	符合设计要求	
		国际段电视会议链路：传输信道速率 2048kbps，误比特率（BER）$1×10^{-6}$；1 小时最大误码率 7142；1 小时严重误码率为 0；无误码秒（EFS％）92	符合设计要求	
		国内、国际全程链路：传输信道速率 2048kbps，误比特率（BER）$3×10^{-6}$；1 小时最大误码率 21427；1 小时严重误码率为 2；无误码秒（EFS％）92	符合设计要求	
		国内段电视会议链路：传输信道速率 64kbps，误比特率（BER）$1×10^{-6}$	符合设计要求	
3	系统效果质量检测	主观评定画面质量和声音清晰度	符合设计要求	
		外接时钟度不低于 10^{-12} 量级	符合设计要求	
4	监视管理系统检测	具备本地远端监测、诊断和实时显示功能	符合设计要求	

检测结论：

经检测，符合《会议电视系统工程验收规范》（YD/T 5033—2005）、《智能建筑工程质量验收规范》（GB 50339—2003）标准及施工图设计要求，会议电视系统检测为合格。

签字栏	施工单位	北京××建设集团 工程总承包部	专业技术负责人	专业质检员	检测人
			李××	吴××	徐××
	监理（建设）单位	北京××监理有限责任公司	专业工程师		王××

本表由施工单位填写。

通信网络系统接入网设备安装工程自检测记录表 C6-43			资料编号	07-C6-43-×××
工程名称		北京××大厦		
部 位		A座首层机房	检测时间	20××年××月××日
检测内容			检测记录	备 注
1 安装环境检查		机房环境	符合设计要求	执行设计要求者，为合格
		电源	符合设计要求	
		接地电阻值	符合设计要求	
2 设备安装检查		管线敷设	符合设计要求	执行设计要求者，为合格
		设备机柜及模块	符合设计要求	
3	收发器线路接口	功率谱密度	符合设计要求	执行设计要求者，为合格
		纵向平衡损耗	符合设计要求	
		过压保护	符合设计要求	
	用户网络接口	25.6Mbit/s 电接口	符合设计要求	
		10BASE-T	符合设计要求	
		USB 接口	符合设计要求	
		PCI 接口	符合设计要求	
	业务节点接口（SNI）	SIM-1（155Mbit/s）光接口	符合设计要求	
		电信接口	符合设计要求	
	分离器测试		符合设计要求	
	传输性能测试		符合设计要求	
	功能验证测试	传输功能	符合设计要求	
		管理功能	符合设计要求	

检测结论：

经检测，符合《固定电话交换设备安装工程验收规范》（YD/T 5077—2005）、《智能建筑工程质量验收规范》（GB 50339—2003）标准及施工图设计要求，接入网设备安装工程检测为合格。

签字栏	施工单位	北京××建设集团工程总承包部	专业技术负责人	专业质检员	检测人
			李××	吴××	徐××
	监理（建设）单位	北京××监理有限责任公司		专业工程师	王××

本表由施工单位填写。

通信网络系统 卫星数字电视系统自检测记录 表 C6-44		资料编号	07-C6-44-××
工程名称		北京××大厦	

部　位	A 座首层机房	检测时间	20××年××月××日

	检 测 内 容	检 测 记 录	备　注
1	卫星天线的安装质量	符合规范要求	符合国家现行标准 者，为合格
2	高频头至室内单元的线距	符合规范要求	
3	功放器及接收站位置	符合规范要求	
4	缆线连接的可靠性	符合规范要求	
5	系统输出电平	$-52dB\mu m$	$-30\sim-60dB\mu m$

检测结论：

　　经检测，符合《卫星数字电视接收站测量方式-室外单元测量》（GY/T 151—2000）、《智能建筑工程质量验收规范》（GB 50339—2003）标准及施工图设计要求，卫星数字电视系统检测为合格。

签字栏	施工单位	北京××建设集团 工程总承包部	专业技术 负责人	专业质检员	检测人
			李××	吴××	徐××
	监理（建设） 单位	北京××监理有限责任公司	专业工程师		王××

本表由施工单位填写。

通信网络系统 有线电视系统自检测记录 表 C6-45		资料编号	07-C6-45-×××

工程名称			北京××大厦		
部 位		A座首层机房		检测时间	20××年××月××日

	检 测 内 容	检测记录	备 注
1	系统输出电平（dBμV）（系统内的所有频道）	75dBμV	60～80dBμV
2	系统载噪比（系统总频道的10%）	无雪花干扰	无噪波，即无"雪花干扰"
3	载波互调比（系统总频道的10%）	图像中无垂直波纹	图像中无垂直、倾切斜或水平波纹
4	交扰调制比（系统总频道的10%）	图像中无移动斜图案	图像中无移动、垂直或斜图案，即无"窜台"
5	回波值（系统总频道的10%）	图像中无重影现象	图像中无沿水平方向分布在右边一条或多条轮廓线，即无"重影"
6	色/亮度时延差（系统总频道的10%）	图像中颜色、亮度柔和	图像中颜色、亮信息对齐，即无"彩色鬼影"
7	载波交流声（系统总频道的10%）	图像中无滚道现象	图像中无上下移动的水平条纹，即无"滚道"现象
8	伴音和调频广播的声音（系统总频道的10%）	无背影噪声	无背影噪声，如咝咝声、哼声、蜂鸣声和串声等
9	电视图像主观评价（≥4分）	5分	5分

检测结论：

　经检测，符合《智能建筑工程质量验收规范》（GB 50339—2003）标准及施工图设计要求，有线电视系统检测为合格。

签字栏	施工单位	北京××建设集团 工程总承包部	专业技术 负责人	专业质检员	检测人
			李××	吴××	徐××
	监理（建设） 单位	北京××监理有限责任公司	专业工程师		王××

本表由施工单位填写。

通信网络系统 计算机网络系统自检测记录 表 C6-46			资料编号	07-C6-46-×××
工程名称		北京××大厦		
部 位		A 座首层机房	检测时间	20××年××月××日
检 测 内 容			检测记录	备 注
1	网络设备连通性		网管工作站与任一台网络设备通信	执行 GB 50339 第5.3.3 条中规定
2	各用户间通信性能	允许通信	符合规范要求	
		不允许通信	符合规范要求	
		符合设计规定	符合规范要求	
3	局域网与公用网连通性		符合规范要求	
4	路由检测		符合规范要求	符合规范要求
5	容错功能检测	故障判断	故障判断正确	执行 GB 50339 第5.3.5 条中规定
		自动恢复	可自动恢复	
		切换时间	符合设计要求	
		故障隔离	具有故障隔离	
		自动切换	可自动切换	
6	网络管理功能检测	拓扑图	搜索到拓扑图	执行 GB 50339 第5.3.6 条中规定
		设备连接图	搜索到设备连接图	
		自诊断	具有自诊断	
		节点流量	可提供节点流量	
		广播率	可提供广播率	
		错误率	可提供错误率	

检测结论：

　　经检测，符合《涉及国家秘密的计算机网络安全隔离设备的技术要求和测试方法》（BMB 10-2004）、《涉及国家秘密的计算机信息系统防火墙安全技术要求》（BMB 11-2004）、《涉及国家秘密的计算机信息系统保密技术要求》（BMZ 1-2000）、《涉及国家秘密的计算机信息系统安全保密方案设计指南》（BMZ 2-2001）、《涉及国家秘密的计算机信息系统安全保密测评指南》（BMZ 3-2001）、《智能建筑工程质量验收规范》（GB 50339—2003）标准及施工图设计要求，计算机网络系统检测为合格。

签字栏	施工单位	北京××建设集团 工程总承包部	专业技术 负责人	专业质检员	检测人
			李××	吴××	徐××
	监理（建设）单位	北京××监理有限责任公司		专业工程师	王××

本表由施工单位填写。

信息网络系统 计算机网络系统自检测记录 表 C6-47			资料编号	07-C6-47-×××
工程名称		北京××大厦		
部　位		A座首层机房	检测时间	20××年××月××日
检 测 内 容			检 测 记 录	备　注
1	安全产品认证		认证资料齐全	执行 GB 50339 第 5.5.2 条中规定
2	安全系统配置	防火墙	已安装	执行 GB 50339 第 5.5.3 条中规定
		防病毒	已安装	
3	信息安全性	来自防火墙外的模拟网络攻击	具有防攻击特性	执行 GB 50339 第 5.5.4 条中规定
		对内部终端机的访问控制	符合规范要求	
		办公网络与控制网络的隔离	隔离	
		防病毒系统测试	具有杀毒特性	
		入侵检测系统功能	功能工作正常	
		内容过滤系统的有效性	全面有效	
4	操作系统 安全性	操作系统	符合设计要求	执行 GB 50339 第 5.5.5 条中规定
		文件系统	符合设计要求	
		用户账号	符合设计要求	
		服务器	符合设计要求	
		审计系统	符合设计要求	
5	应用系统 安全性	身份认证	用户口令加密	
		访问控制	授权范围内访问	
6	物理层安全	安全管理制度	符合设计要求	执行 GB 50339 第 5.5.7 条中规定
		中心机房的环境要求	符合设计要求	
		涉密单位的保密要求	符合规范要求	
7	应用系统安全	数据完整性	系统数据具有完整性	执行 GB 50339 第 5.5.8 条中规定
		数据保密性	系统数据具有保密性	
		安全审计	安全审计记录完整	

检测结论：

　　经检测，符合《涉及国家秘密的计算机网络安全隔离设备的技术要求和测试方法》（BMB 10-2004）、《涉及国家秘密的计算机信息系统防火墙安全技术要求》（BMB 11-2004）、《涉及国家秘密的计算机信息系统保密技术要求》（BMZ 1-2000）、《涉及国家秘密的计算机信息系统安全保密方案设计指南》（BMZ 2-2001）、《智能建筑工程质量验收规范》（GB 50339—2003）标准及施工图设计要求，计算机网络系统检测为合格。

签字栏	施工单位	北京××建设集团 工程总承包部	专业技术 负责人	专业质检员	检测人
			李××	吴××	徐××
	监理（建设） 单位	北京××监理有限责任公司	专业工程师		王××

本表由施工单位填写。

信息网络系统 计算机网络系统自检测记录 表 C6-48			资料编号	07-C6-48-×××
工程名称		北京××大厦		
部 位		A座首层机房	检测时间	20××年××月××日
检 测 内 容			检 测 记 录	备 注
1	功能性测试	安装：按安装手册中的规定成功安装	符合设计要求	
		功能：按使用说明书中的范例、逐项测试	按使用说明书中的 范例、逐项测试	
2	性能测试	响应时间	符合设计要求	执行 GB 50339 第 5.4.4 条中规定
		吞吐量	符合设计要求	
		辅助存储区	符合设计要求	
		处理精度测试	符合设计要求	
3	文档测试		用户文档全部测试	
4	可靠性测试		系统运行可靠	
5	互连测试		互连性测试，结果 安全可靠	
6	回归（一致性）测试		升级后的软件仍能 满足系统的设计要求	
7	操作界面测试		操作界面测试友好	符合设计要求
8	可扩展性测试		具有可扩展性	符合设计要求
9	可维护性测试		具有可维护性	

检测结论：

经检测，符合《涉及国家秘密的计算机网络安全隔离设备的技术要求和测试方法》（BMB 10-2004）、《涉及国家秘密的计算机信息系统防火墙安全技术要求》（BMB 11-2004）、《涉及国家秘密的计算机信息系统保密技术要求》（BMZ 1-2000）、《涉及国家秘密的计算机信息系统安全保密方案设计指南》（BMZ 2-2001）、《涉及国家秘密的计算机信息系统安全保密测评指南》（BMZ 3-2001）、《智能建筑工程质量验收规范》（GB 50339—2003）标准及施工图设计要求，计算机网络系统检测为合格。

签字栏	施工单位	北京××建设集团 工程总承包部	专业技术 负责人	专业质检员	检测人
			李××	吴××	徐××
	监理（建设） 单位	北京××监理有限责任公司	专业工程师		王××

本表由施工单位填写。

建筑设备监控系统 变配电系统自检测记录 表 C6-49		资料编号	07-C6-49-×× ×
工程名称	北京××大厦		
部　位	A座地下一层变配电室	检测时间	20××年××月××日

	检测内容	检测记录	备注
1	电气参数测量	测量参数均满足设计要求	各类参数合格率100％时，为检测合格
2	电气设备工作状态测量	测量参数均满足设计要求	
3	变配电系统故障报警	测量参数均满足设计要求	
4	高低压配电柜运行状态	测量参数均满足设计要求	各类参数合格率100％时，为检测合格
5	电力变压器温度	测量参数均满足设计要求	
6	应急发电机组工作状态	测量参数均满足设计要求	
7	储油罐液位	测量参数均满足设计要求	
8	蓄电池组及充电设备工作状态	测量参数均满足设计要求	
9	不间断电源工作状态	测量参数均满足设计要求	

检测结论：

经检测，符合《建筑电气工程施工质量验收规范》（GB 50303—2002）、《智能建筑工程质量验收规范》（GB 50339—2003）标准及施工图设计要求，变配电系统检测为合格。

签字栏	施工单位	北京××建设集团 工程总承包部	专业技术 负责人	专业质检员	检测人
			李××	吴××	徐××
	监理（建设） 单位	北京××监理有限责任公司	专业工程师		王××

本表由施工单位填写。

建筑设备监控系统 电梯和自动扶梯系统自检测记录 表 C6-50			资料编号	07-C6-50-×××
工程名称		北京××大厦		
部　　位		A座地上一层至十层	检测时间	20××年××月××日

	检 测 内 容		检 测 记 录	备　　注
1	电梯系统	电梯运行状态	实现对电梯运行状态的监控	各类参数合格率100％时，为检测合格
		故障检测记录与报警	向系统故障报警，并将运行状态存档	
2	自动扶梯系统	扶梯运行状态	实现对电梯运行状态的监控	各类参数合格率100％时，为检测合格
		故障检测记录与报警	向系统故障报警，并将运行状态存档	

检测结论：

经检测，符合《电梯工程施工质量验收规范》（GB 50310—2002）、《智能建筑工程质量验收规范》（GB 50339—2003）标准及施工图设计要求，电梯和自动扶梯系统检测为合格。

签字栏	施工单位	北京××建设集团 工程总承包部	专业技术 负责人	专业质检员	检测人
			李××	吴××	徐××
	监理（建设） 单位	北京××监理有限责任公司	专业工程师		王××

本表由施工单位填写。

建筑设备监控系统 给水排水系统自检测记录 表 C6-51			资料编号	07-C6-51-×××
工程名称		北京××大厦		
部　位		A座地下一层机房	检测时间	20××年××月××日
检测内容			检测记录	备　注
1	给水系统	液位	符合设计要求	被检系统合格率100％时，为系统检测合格
		压力	符合设计要求	
		水泵运行状态	符合设计要求	
		自动调节水泵转速	符合设计要求	
		水泵投运切换	符合设计要求	
		故障报警及保护	符合设计要求	
2	排水系统	液位	符合设计要求	被检系统合格率100％时，为系统检测合格
		压力	符合设计要求	
		水泵运行状态	符合设计要求	
		自动调节水泵转速	符合设计要求	
		水泵投运切换	符合设计要求	
		故障报警及保护	符合设计要求	
3	中水系统监控	液位	符合设计要求	被检系统合格率100％时，为系统检测合格
		压力	符合设计要求	
		水泵运行状态	符合设计要求	

检测结论：

　　经检测，符合《建筑给水排水及采暖工程施工质量验收规范》（GB 50242—2002）、《智能建筑工程质量验收规范》（GB 50339—2003）标准及施工图设计要求，给水排水系统检测为合格。

签字栏	施工单位	北京××建设集团 工程总承包部	专业技术 负责人	专业质检员	检测人
			李××	吴××	徐××
	监理（建设）单位	北京××监理有限责任公司	专业工程师		王××

本表由施工单位填写。

建筑设备监控系统 公共照明系统自检测记录 表 C6-52			资料编号	07-C6-52-×××
工程名称		北京××大厦		
部 位		A 座地下一层机房	检测时间	20××年××月××日
	检 测 内 容		检 测 记 录	备 注
1 公共照明 设备监控	公共区域1		符合设计要求	1. 以光照度或时间表为依据，检测控制动作正确性。 2. 抽检合格率100%时为检测合格
	公共区域2		符合设计要求	
	公共区域3		符合设计要求	
	公共区域4		符合设计要求	
	公共区域5		符合设计要求	
	公共区域6（园区或景观）		符合设计要求	
	公共区域7（园区或景观）		符合设计要求	
2	检查手动开关功能		启动手动开关，对应各区域照明控制有效	

检测结论：

经检测，符合《建筑电气工程施工质量验收规范》（GB 50303—2002）、《智能建筑工程质量验收规范》（GB 50339—2003）标准及施工图设计要求，公共照明系统检测为合格。

签字栏	施工单位	北京××建设集团 工程总承包部	专业技术 负责人	专业质检员	检测人
			李××	吴××	徐××
	监理（建设） 单位	北京××监理有限责任公司	专业工程师		王××

本表由施工单位填写。

建筑设备监控系统		资料编号	07-C6-53-××
空调与通风系统自检测记录 表 C6-53			

工程名称		北京××大厦		
部　　位		A座地下一层机房	检测时间	20××年××月××日

	检 测 内 容		检 测 记 录	备　　注
1	空调系统 温度控制	控制稳定性	抽检合格率为100%，系统控制稳定	抽检设备合格率100%时，系统检测合格
		响应时间	符合设计要求	
		控制效果	符合设计要求	
2	空调系统 相对湿度控制	控制稳定性	抽检合格率为100%，系统控制稳定	
		响应时间	符合设计要求	
		控制效果	符合设计要求	
3	新风量自动控制	控制稳定性	抽检合格率为100%，系统控制稳定	
		响应时间	符合设计要求	
		控制效果	符合设计要求	
4	预定时间 表自动启停	稳定性	抽检合格率为100%，系统控制稳定	
		响应时间	符合设计要求	
		控制效果	符合设计要求	
5	节能优化控制	稳定性	抽检合格率为100%，系统控制稳定	
		响应时间	符合设计要求	
		控制效果	符合设计要求	
6	设备连锁控制	正确性	符合设计要求	
		实时性	符合设计要求	
7	故障报警	正确性	抽检合格率为100%，系统故障报警正确	
		实时性	抽检合格率为100%，系统故障报警实时	

检测结论：

　　经检测，符合《通风与空调工程施工质量验收规范》（GB 50243—2002）、《智能建筑工程质量验收规范》（GB 50339—2003）标准及施工图设计要求，空调与通风系统检测为合格。

签字栏	施工单位	北京××建设集团 工程总承包部	专业技术 负责人	专业质检员	检测人
			李××	吴××	徐××
	监理（建设） 单位	北京××监理有限责任公司		专业工程师	王××

本表由施工单位填写。

98

建筑设备监控系统 冷冻和冷却水系统自检测记录 表 C6-54			资料编号	07-C6-54-××
工程名称		北京××大厦		
部　　位		A座地下一层机房	检测时间	20××年××月××日
检 测 内 容			检测记录	备　　注
1	冷冻和 冷却水系统	参数检测	符合设计要求	各系统满足设计要求时，为检测合格
		系统负荷调节	符合设计要求	
		预定时间表启停	符合设计要求	
		节能优化控制	符合设计要求	
		故障检测记录与报警	符合设计要求	
		设备运行联动	符合设计要求	
2	冷冻和 冷却水系统	参数检测	符合设计要求	各系统满足设计要求时，为检测合格
		系统负荷调节	符合设计要求	
		预定时间表启停	符合设计要求	
		节能优化控制	符合设计要求	
		故障检测记录与报警	符合设计要求	
		设备运行联动	符合设计要求	
3	能耗计量与统计		符合设计要求	符合设计要求

检测结论：

　　经检测，符合《通风与空调工程施工质量验收规范》（GB 50243—2002）、《智能建筑工程质量验收规范》（GB 50339—2003）标准及施工图设计要求，冷冻和冷却水系统检测为合格。

签字栏	施工单位	北京××建设集团 工程总承包部	专业技术 负责人	专业质检员	检测人
			李××	吴××	徐××
	监理（建设） 单位	北京××监理有限责任公司		专业工程师	王××

本表由施工单位填写。

建筑设备监控系统 热源和热交换系统自检测记录 表C6-55			资料编号	07-C6-55-××
工程名称		北京××大厦		
部 位		A座地下一层机房	检测时间	20××年××月××日
检 测 内 容			检测记录	备 注
1	热源系统	参数检测	系统参数抽检合格率为100%	系统检测合格率100%时，为检测合格
		系统负荷调节	符合设计要求	
		预定时间表启停	符合设计要求	
		节能优化控制	符合设计要求	
		故障检测记录与报警	符合设计要求	
2	热交换系统	参数检测	系统参数抽检合格率为100%	系统检测合格率100%时，为检测合格
		系统负荷调节	符合设计要求	
		预定时间表启停	符合设计要求	
		节能优化控制	符合设计要求	
		故障检测记录与报警	符合设计要求	
3	能耗计量与统计		符合设计要求	符合设计要求

检测结论：

经检测，符合《智能建筑工程质量验收规范》(GB 50339—2003)标准及施工图设计要求，热源和热交换系统检测为合格。

签字栏	施工单位	北京××建设集团工程总承包部	专业技术负责人	专业质检员	检测人
			李××	吴××	徐××
	监理（建设）单位	北京××监理有限责任公司		专业工程师	王××

本表由施工单位填写。

建筑设备监控系统 数据通信接口系统自检测记录 表 C6-56			资料编号	07-C6-56-×××	
工程名称		北京××大厦			
部　位		A座地下一层机房	检测时间	20××年××月××日	
检 测 内 容			检 测 记 录	备　注	
1	子系统 1	工作状态参数	子系统参数抽 检合格率为100％	1. 各子系统通信接口，在工作站检测子系统运行参数，核实实际状态。 2. 数据通信接口应按 GB 50339 第 3.2.7 条规定检测，检测合格率 100％时，为检测合格	
1	子系统 1	报警信息	符合设计要求		
1	子系统 1	控制命令响应	符合设计要求		
2	子系统 2	工作状态参数	子系统参数抽 检合格率为100％		
2	子系统 2	报警信息	符合设计要求		
2	子系统 2	控制命令响应	符合设计要求		
3	子系统 3	工作状态参数	子系统参数抽 检合格率为100％		
3	子系统 3	报警信息	符合设计要求		
3	子系统 3	控制命令响应	符合设计要求		
4	子系统 4	工作状态参数	子系统参数抽 检合格率为100％		
4	子系统 4	报警信息	符合设计要求		
4	子系统 4	控制命令响应	符合设计要求		

检测结论：

　　经检测，符合《智能建筑工程质量验收规范》(GB 50339—2003) 标准及施工图设计要求，数据通信接口系统检测为合格。

签字栏	施工单位	北京××建设集团 工程总承包部	专业技术 负责人	专业质检员	检测人
			李××	吴××	徐××
	监理（建设） 单位	北京××监理有限责任公司	专业工程师		王××

本表由施工单位填写。

101

建筑设备监控系统 系统施时性、可维护性、可靠性自检测记录 表C6-57		资料编号	07-C6-57-××
工程名称	北京××大厦		
部 位	A座地下一层机房	检测时间	20××年××月××日

	检 测 内 容	检测记录	备 注
1	关键数据采样速度	满足合同文件要求及设备工艺性能指标	检测合格率达到90％时，为合格
2	系统响应时间	满足合同文件要求及设备工艺性能指标	
3	报警信号响应速度	满足合同文件要求及设备工艺性能指标	检测合格率达到100％时，为合格
4	应用软件在线编程和修改功能	应用软件具有在线编程和修改功能	对相应功能进行验证，功能得到验证或工作正常时，为合格
5	设备故障自检测	现场设备故障指示正确	
6	网络通信故障自检测	现场通信故障指示正确	
7	系统可靠性：启停设备时	运行稳定	
8	电源切换为UPS供电时	系统运行不中断	
9	中央站冗余主机自动投入时	系统运行不中断	

检测结论：

经检测，符合《智能建筑工程质量验收规范》（GB 50339—2003）标准及施工图设计要求，系统实时性、可维护性、可靠性检测为合格。

签字栏	施工单位	北京××建设集团 工程总承包部	专业技术负责人	专业质检员	检测人
			李××	吴××	徐××
	监理（建设）单位	北京××监理有限责任公司		专业工程师	王××

本表由施工单位填写。

建筑设备监控系统 中央管理工作站及操作分站自检测记录 表 C6-58		资料编号	07-C6-58-×××
工程名称		北京××大厦	
部　位	A座地下一层机房	检测时间	20××年××月××日

	检 测 内 容	检测记录	备　注
1	数据测量显示	测量数据显示正确	
2	设备运行状态显示	设备运行状态实时显示	
3	报警信息显示	报警信息定时显示	
4	报警信息存储统计和打印	报警信息存储统计后打印	全部项目内容满足设计要求时,为检测合格
5	设备控制和管理	设备控制和管理有效	
6	数据存储和统计	符合设计要求	
7	历史数据趋势图	符合设计要求	
8	数据报表生成和打印	数据报表自动生成并打印	
9	人机界面	人机界面友好	
10	操作权限设定	满足设定的操作权限	

检测结论:

经检测,符合《智能建筑工程质量验收规范》(GB 50339—2003)标准及施工图设计要求,中央管理工作站及操作分站检测为合格。

签字栏	施工单位	北京××建设集团 工程总承包部	专业技术 负责人	专业质检员	检测人
			李××	吴××	徐××
	监理(建设) 单位	北京××监理有限责任公司	专业工程师		王××

本表由施工单位填写。

火灾自动报警及消防联动系统自检测记录 表 C6-59			资料编号		07-C6-59-××
工程名称			北京××大厦		
部　位			A座房首层机房	检测时间	20××年××月××日
		检测内容		检测记录	备　注
1	系统检测	执行 GB 50166 规范		执行 GB 50166 规范标准	系统检测执行 GB 50166 规范，使用 GB 50166 规范的附录表格
		系统应为独立系统		为独立系统	
2	系统联动	与其他系统联动		符合设计要求	满足设计要求，为检测合格
3	系统电磁兼容性防护			符合 GB 16838 规范标准	
4	火灾报警控制器人机界面	汉化图形界面		汉化图形界面友好	符合设计要求，为检测合格
		中文屏幕菜单		满足合同文件	
5	接口通信功能	消防控制室与建筑设备监控系统		符合设计要求	符合设计要求，为检测合格
		消防控制室与安全防范系统		符合设计要求	
6	系统关联功能	公共广播与紧急广播共用		符合 GB 50166 规范要求	符合 GB 50166 有关规定，符合设计要求，为检测合格
		安全防范子系统对火灾响应与操作		符合设计要求	
7	火灾探测器性能及安装状况	智能性		符合设计要求	符合设计要求，为检测合格
		普遍性		符合设计要求	
8	新型消防设施设置及功能	早期烟雾探测		符合设计要求	符合设计要求，为检测合格
		大空间早期检测		符合设计要求	
		大空间红外图像矩阵火灾报警及灭火		符合设计要求	
		可燃气体泄露报警及联动		符合设计要求	
9	消防控制室	控制室与其他系统合用时要求		符合 GB 50166、GB 50314 规范要求	符合 GB 50166、GB 50314 有关规定

检测结论：

经检测，符合《火灾自动报警系统施工及验收规范》（GB 50166—2007）、《智能建筑工程质量验收规范》（GB 50339—2003）标准及施工图设计要求，火灾自动报警及消防联动系统检测为合格。

签字栏	施工单位	北京××建设集团工程总承包部	专业技术负责人	专业质检员	检测人
			李××	吴××	徐××
	监理（建设）单位	北京××监理有限责任公司		专业工程师	王××

本表由施工单位填写。

安全防范系统 安全防范综合管理系统自检测记录 表C6-60			资料编号	07-C6-60-×××
工程名称		北京××大厦		
部 位		A座首层机房	检测时间	20××年××月××日
检 测 内 容			检测记录	备 注
1	数据通信接口	对子系统工作状态观测并核实	各子系统工作状态与综合管理系统具有一致性	各项系统功能和软件功能检测合格率100%时，为检测合格
		对各子系统报警信息观测并核实	各子系统报警信息与综合管理系统具有一致性	
		发送命令时子系统响应情况	发送命令时，各子系统完全响应	
2	综合管理系统	正确显示子系统工作状态	各子系统工作状态显示正确	
		对各类报警信息显示、记录、统计情况	支持各类报警信息显示、记录和统计功能	
		数据报表打印	支持数据报表打印功能	
		报警打印	报警打印	
		操作方便性	操作方便	
		人机界面友好、汉化、图形化	人机界面友好、汉化、图形亲切	
		对子系统的控制功能	各子系统具有控制功能	

检测结论：

  经检测，符合《智能建筑工程质量验收规范》（GB 50339—2003）、《安全防范系统验收规则》（GA 308—2001）标准及施工图设计要求，安全防范综合管理系统检测为合格。

签字栏	施工单位	北京××建设集团 工程总承包部	专业技术 负责人	专业质检员	检测人
			李××	吴××	徐××
	监理（建设） 单位	北京××监理有限责任公司	专业工程师		王××

本表由施工单位填写。

安全防范系统 出入口控制（门禁）系统自检测记录 表 C6-61			资料编号		07-C6-61-××
工程名称			北京××大厦		
部　位		A座首层机房		检测时间	20××年××月××日
检测内容			检测记录		备　注
1	控制器独立工作时	准确性	出入口控制具有准确性		
		实时性	出入口控制具有实时性		
		信息存储	信息存储准确无误		
2	系统主机接入时	控制器工作情况	控制器工作具有准确性、实时性、信息存储准确无误		
		信息传输功能	信息传输功能安全可靠		
3	备用电源启动	准确性	具有准确性		
		实时性	具有实时性		
		信息的存储和恢复	信息存储准确无误，且不中断		控制器，合格率100%为合格，各项系统功能和软件功能检测合格率100%时，系统检测合格
4	系统报警功能	非法强行入侵报警	报警及时		
5	现场设备状态	接入率	符合合同文件要求		
		完好率	符合合同文件要求		
6	出入口管理系统	软件功能	软件具有安全性和可靠性		
		数据存储记录	可满足物业管理的需要		
7	系统性能要求	实时性	出入口控制具有实时性		
		稳定性	出入口控制具有稳定性		
		图形化界面	图形化界面友好		
8	系统安全性	分级授权	对操作者实行分级授权管理		
		操作信息记录	操作信息存储并记录		
9	软件综合评审	需求一致性	具有一致性		
		文档资料标准化	实行标准化管理		
10	联动功能	是否符合设计要求	符合设计要求		

检测结论：
经检测，符合《智能建筑工程质量验收规范》（GB 50339—2003）标准及施工图设计要求，出入口控制（门禁）系统检测为合格。

签字栏	施工单位	北京××建设集团 工程总承包部	专业技术负责人	专业质检员	检测人
			李××	吴××	徐××
	监理（建设）单位	北京××监理有限责任公司		专业工程师	王××

本表由施工单位填写。

安全防范系统 入侵报警系统自检测记录 表 C6-62			资料编号	07-C6-62-×××
工程名称		北京××大厦		
部 位		A座首层机房	检测时间	20××年××月××日

	检 测 内 容		检测记录	备 注
1	探测器设置	探测器盲区	无盲区	控制器,合格率100%为合格,各项系统功能和软件功能检测合格率100%时,系统检测合格
		防动物功能	具有防动物功能	
2	探测器防破坏功能	防拆报警	具有防拆报警功能	
		信号线开路、短路报警	信号线开路、短路报警	
		电源线被剪报警	电源线被剪报警	
3	探测器灵敏度	是否符合设计要求	符合设计要求	
4	系统控制功能	系统撤防	系统撤防功能安全可靠	
		系统布防	系统布防功能安全可靠	
		关机报警	关机报警功能安全可靠	
		后备电源自动切换	后备电源自动切换功能安全可靠	
5	系统通信功能	报警信息传输	无丢失现象	
		报警响应	报警响应及时	
6	现场设备	接入率	符合产品技术文件要求	
		完好率	符合产品技术文件要求	
7	系统联动功能		符合设计要求	
8	报警系统管理软件		运行安全可靠	
9	报警事件数据存储		符合产品技术文件要求	
10	报警信号联网		符合设计要求	

检测结论:

　　经检测,符合《智能建筑工程质量验收规范》(GB 50339—2003)标准及施工图设计要求,入侵报警系统检测为合格。

签字栏	施工单位	北京××建设集团 工程总承包部	专业技术负责人	专业质检员	检测人
			李××	吴××	徐××
	监理(建设)单位	北京××监理有限责任公司		专业工程师	王××

本表由施工单位填写。

安全防范系统 视频安防监控系统自检测记录 表 C6-63			资料编号	07-C6-63-×××
工程名称		北京××大厦		
部　　位		A座首层机房	检测时间	20××年××月××日
检　测　内　容			检测记录	备　　注
1	设备功能	云台转动	正常	设备检测合格率 100％ 时，为合格； 系统功能和联动功能 检测合格率 100％ 时，系统检测合格
		镜头调节	正常	
		图像切换	正常	
		防护罩效果	正常	
2	图像质量	图像清晰度	图像清晰	
		抗干扰能力	具有抗干扰能力	
3	系统功能	监控范围	符合设计要求	
		设备接入率	符合设计要求	
		完好率	符合设计要求	
		矩阵主机　切换控制功能符合设计要求	切换控制功能符合设计要求	
		矩阵主机　编程功能符合设计要求	编程功能符合设计要求	
		矩阵主机　巡检功能符合设计要求	巡检功能符合设计要求	
		矩阵主机　记录功能符合设计要求	记录功能符合设计要求	
		数字视频　系统主机无死机现场	系统主机无死机现场	
		数字视频　系统图像显示和记录速度符合技术文件指标要求	系统图像显示和记录速度符合技术文件指标要求	
		数字视频　联网通信符合设计要求	联网通信符合设计要求	
		数字视频　存储速度符合设计要求	存储速度符合设计要求	
		数字视频　检索符合设计要求	检索符合设计要求	
		数字视频　回放符合设计要求	回放符合设计要求	
4	联动功能		符合设计要求	
5	图像记录保存时间		满足合同设计条款要求	

检测结论：

　　经检测，符合《智能建筑工程质量验收规范》（GB 50339—2003）标准及施工图设计要求，视频安防监控系统检测为合格。

签字栏	施工单位	北京××建设集团 工程总承包部	专业技术 负责人	专业质检员	检测人
			李××	吴××	徐××
	监理（建设） 单位	北京××监理有限责任公司		专业工程师	王××

本表由施工单位填写。

108

安全防范系统 停车场（库）管理系统自检测记录 表 C6-64			资料编号	07-C6-64-×× ×
工程名称		北京××大厦		
部　位		A座首层机房	检测时间	20××年××月××日
检　测　内　容			检测记录	备　注
1	车辆探测器	出入车辆灵敏度	车辆探测器灵敏度高	各项系统功能和软件功能检测合格率100％时，系统检测合格。其中车辆识别系统对车辆识别率达到98％时，为合格
		抗干扰性能	车辆探测器抗干扰强	
2	自动栅栏	升降功能	自动栅栏升降功能安全可靠	
		防砸车功能	自动栅栏防砸车功能安全可靠	
3	读卡器	无效卡识别	准确无误	
		非接触卡读卡距离和灵敏度	满足设计要求	
4	发卡（票）器	吐卡功能	正常	
		入场日期及时间记录	正确	
5	满位显示器	功能是否正常	正常	
6	管理中心	计费	准确	
		显示	正常	
		收费	准确	
		统计	正确	
		信息存储记录	满足技术文件产品指标要求	
		与监控站通信	正常	
		防折返	正常	
		空车位显示	正常	
		数据记录	正常	
7	有图像功能的管理系统	图像记录清晰度	图像记录清晰	
8	联动功能		符合设计要求	

检测结论：

　　经检测，符合《建筑电气工程施工质量验收规范》（GB 50303—2002）、《智能建筑工程质量验收规范》（GB 50339—2003）标准及施工图设计要求，停车场（库）管理系统检测为合格。

签字栏	施工单位	北京××建设集团 工程总承包部	专业技术 负责人	专业质检员	检测人
			李××	吴××	徐××
	监理（建设） 单位	北京××监理有限责任公司	专业工程师		王××

本表由施工单位填写。

安全防范系统 巡更管理系统自检测记录 表 C6-65			资料编号	07-C6-65-××
工程名称		北京××大厦		
部　　位		A座首层机房	检测时间	20××年××月××日
检　测　内　容			检测记录	备　　注
1	系统设备功能	巡更终端	巡更终端的响应功能及时有效	巡更终端、读卡器检测合格率 100％时，系统检测合格；各项系统功能和软件功能检测合格率 100％时，系统检测合格
		读卡器	读卡器的响应功能及时有效	
2	现场设备	接入率	满足技术文件产品指标要求	
		完好率	满足技术文件产品指标要求	
3	巡更管理系统	编程、修改功能	安全可靠	
		撤防、布防功能	安全可靠	
		系统运行状态	安全可靠	
		信息传输	信息传输无误	
		故障报警及准确性	有故障时，报警准确性。	
		对巡更人员的监督和记录	对巡更人员有监督和记录功能	
		安全保障措施	分级授权	
		报警处理手段	报警信号具有处理功能	
4	联网巡更管理系统	电子地图显示	电子地图显示所在位置	
		报警信号指示	报警信号指示所在区域	
5	联动功能		符合设计要求	

检测结论：

经检测，符合《建筑电气工程施工质量验收规范》（GB 50303—2002）、《智能建筑工程质量验收规范》（GB 50339—2003）标准及施工图设计要求，巡更管理系统检测为合格。

签字栏	施工单位	北京××建设集团 工程总承包部	专业技术 负责人	专业质检员	检测人
			李××	吴××	徐××
	监理（建设）单位	北京××监理有限责任公司	专业工程师		王××

本表由施工单位填写。

安全防范系统 综合防范功能自检测记录 表 C6-66			资料编号	07-C6-66-×××
工 程 名 称			北京××大厦	
部 位		A座首层机房	检测时间	20××年××月 ××日
检 测 内 容			检测记录	备 注
1	防范范围	设防情况	符合设计要求	综合防范功能符合设计要求时,为检测合格。符合技术文件产品指标要求符合设计要求
1	防范范围	防范功能	符合设计要求	
2	重点防范部位	防范功能	符合设计要求	
2	重点防范部位	设防情况	符合设计要求	
3	要害部位	防范功能	符合设计要求	
3	要害部位	设防情况	符合设计要求	
4	设备运行情况		符合技术文件 产品指标要求	
5	防范子系统之间的联动		符合设计要求	
6	监控中心 图像记录	图像质量	符合设计要求	
6	监控中心 图像记录	保存时间	符合设计要求	
7	监控中心 报警记录	完整性	符合设计要求	
7	监控中心 报警记录	保存时间	符合设计要求	
8	系统集成	系统接口	符合设计要求	
8	系统集成	通信功能	符合设计要求	
8	系统集成	信息传输	符合设计要求	

检测结论:

经检测,符合《建筑电气工程施工质量验收规范》(GB 50303—2002)、《智能建筑工程质量验收规范》(GB 50339—2003)标准及施工图设计要求,综合防范功能检测为合格。

签字栏	施工单位	北京××建设集团 工程总承包部	专业技术 负责人	专业质检员	检测人
签字栏	施工单位	北京××建设集团 工程总承包部	李××	吴××	徐××
签字栏	监理(建设) 单位	北京××监理有限责任公司	专业工程师		王××

本表由施工单位填写。

综合布线系统性能自检测记录 表 C6-67			资料编号	07-C6-67-×× ×
工 程 名 称		北京××大厦		
部 位	A座首层机房		检测时间	20××年××月 ××日
检 测 内 容			检测记录	备 注
1	工程电气 性能检测	连接图	按连接图进行检测	执行 GB/T 50312 规范 第 8.0.2 条的规定
		长度	光纤的长度符合验收规范标准， 满足电气性能检测要求	
		衰减	光纤的衰减符合验收规范标准， 满足电气性能检测要求	
		近端串声（两段）	光纤的近端串声符合验收规范 标准，满足电气性能检测要求	
		其他特殊规定的测试内容	—	
2	光纤特性检测	连通性	光纤的连通性符合验收规范标 准，满足光纤特性检测要求	
		衰减	光纤的衰减符合验收规范标准， 满足光纤特性检测要求	
		长度	光纤的长度符合验收规范标准， 满足光纤特性检测要求	
3	综合布线管理系统：			执行 GB 50339 规范第 3.2.6 条的规定
4	中文平台管理软件		对中文平台管理软件检测，结 果安全可靠	
5	硬件设备图		显示所有硬件设备平面图	
6	楼层图		显示楼层系统图	
7	干线子系统及配线子系统配置		显示干线子系统及配线子系统 的配置	
8	硬件设施工作状态		显示登陆各种硬件设施的工作 状态	

检测结论：

经检测，符合《建筑与建筑群综合布线系统工程验收规范》（GB/T 50312—2007）、《智能建筑工程质量验收规范》（GB 50339—2003）标准及施工图设计要求，综合布线系统性能检测为合格。

签 字 栏	施工单位	北京××建设集团 工程总承包部	专业技术 负责人	专业质检员	检测人
			李××	吴××	徐××
	监理（建设） 单位	北京××监理有限责任公司		专业工程师	王××

本表由施工单位填写。

智能化集成系统 系统集成可维护性和安全性自检测记录 表 C6-68			资料编号	07-C6-68-××××
工程名称		北京××大厦		
部 位		A座首层机房	检测时间	20××年××月 ××日
检 测 内 容			检 测 记 录	备 注
1	系统可靠 性维护	可靠性维护说明及措施	符合设计要求	
		设定系统故障检查	符合设计要求	
2	系统集 成安全性	身份认证	符合设计要求	执行 GB 50339 规范第 10.3.13～10.3.15 条的 规定，符合设计要求的 为合格
		访问控制	符合设计要求	
		信息加密和解密	符合设计要求	
		抗病毒攻击能力	符合设计要求	
3	工程实施及 质量控制记录	真实性	工程实施及质量控制记录真实	
		准确性	工程实施及质量控制记录准确	
		完整性	工程实施及质量控制记录完整	

检测结论：

经检检测，符合《建筑电气工程施工质量验收规范》（GB 50303—2002）、《智能建筑工程质量验收规范》（GB 50339—2003）标准及施工图设计要求，系统集成可维护性和安全性检测为合格。

签 字 栏	施工单位	北京××建设集团 工程总承包部	专业技术 负责人	专业质检员	检测人
			李××	吴××	徐××
	监理（建设） 单位	北京××监理有限责任公司		专业工程师	王××

本表由施工单位填写。

智能化集成系统 系统集成可维护性和安全性自检测记录 表 C6-69		资料编号	07-C6-69-×××	
工程名称		北京××大厦		
部　位		A 座首层机房	检测时间	20××年××月 ××日
检 测 内 容		检测记录		备 注
1	连接线测试	符合技术文件产品指标的要求		
2	通信连接测试	符合设计要求		
3	专用网关接口连接测试	符合接口规范的要求		执行 GB 50339 规范第 10.3.6 条的规定，检测合格率 100％ 时，系统为合格
4	计算机网卡连接测试	符合质量验收规范标准的要求		
5	通用路由器连接测试	符合质量验收规范标准的要求		
6	交换机连接测试	符合质量验收规范标准的要求		
7	系统连通性测试	符合设计要求		
8	网管工作站和 网络设备通信测试	符合设计要求		

检测结论：

经检测，符合《建筑电气工程施工质量验收规范》（GB 50303—2002）、《智能建筑工程质量验收规范》（GB 50339—2003）标准及施工图设计要求，系统集成可维护性和安全性检测为合格。

签字栏	施工单位	北京××建设集团 工程总承包部	专业技术 负责人	专业质检员	检测人
			李××	吴××	徐××
	监理（建设） 单位	北京××监理有限责任公司		专业工程师	王××

本表由施工单位填写。

114

智能化集成系统 系统集成综合管理及冗余功能自检测记录 表 C6-70		资料编号	07-C6-70-×××
工程名称		北京××大厦	
部　位	A座首层机房	检测时间	20××年××月 ××日

检 测 内 容		检 测 记 录	备　注
1	综合管理功能	利用案例模拟验证功能特性，满足验收规范标准的要求	
2	信息管理功能	利用案例模拟验证功能特性，满足验收规范标准的要求	
3	信息服务功能	利用案例模拟验证功能特性，满足验收规范标准的要求	
4　视频图像 接入时	图像显示清晰	图像显示清晰	执行 GB 50339 规范第 10.3.9～10.3.12 条的规定
	图像切换正常	图像切换正常	
	图像传输稳定	图像传输稳定	
5　系统冗余 和容错功能	符合设计要求	符合设计要求	
	符合设计要求	符合设计要求	
	符合设计要求	符合设计要求	
	符合设计要求	符合设计要求	
	符合设计要求	符合设计要求	
	符合设计要求	符合设计要求	
6	与火灾自动报警系统相关性	具有独立的运行功能	

检测结论：

　　经检测，符合《建筑电气工程施工质量验收规范》（GB 50303—2002）、《智能建筑工程质量验收规范》（GB 50339—2003）标准及施工图设计要求，系统集成综合管理及冗余功能检测为合格。

签字栏	施工单位	北京××建设集团 工程总承包部	专业技术 负责人	专业质检员	检测人
			李××	吴××	徐××
	监理（建设） 单位	北京××监理有限责任公司	专业工程师		王××

本表由施工单位填写。

智能化集成系统 系统数据集成及整体协调自检测记录 表C6-71			资料编号	07-C6-71-××
工程名称		北京××大厦		
部 位		首层机房	检测时间	20××年××月××日
检 测 内 容			检测记录	备 注
1	服务器端	人机界面	人机界面友好	
		显示数据	显示数据正确	
		响应时间	响应时间符合设计要求	
2	客户端1	人机界面	人机界面友好	执行GB 50339规范第 10.3.7条的规定
		显示数据	显示数据正确	
		响应时间	响应时间及时	
3	客户端2	人机界面	—	
		显示数据	—	
		响应时间	—	
4	系统的报警信息及处理	服务器端	符合设计要求	
		有权限的客户端	符合设计要求	
5	设备联锁控制	服务器端	符合设计要求	执行GB 50339规范第 10.3.8条的规定
		有权限的客户端	符合设计要求	
6	应急状态的联动逻辑检测	现场模拟火灾信号	接收现场模拟火灾信号作出正确逻辑判断,符合设计要求	
		现场模拟非法侵入	接收现场模拟非法侵入作出正确逻辑判断,符合设计要求	
		其他	—	

检测结论:

经检测,符合《建筑电气工程施工质量验收规范》(GB 50303—2002)、《智能建筑工程质量验收规范》(GB 50339—2003)标准及施工图设计要求,系统数据集成及整体协调检测为合格。

签字栏	施工单位	北京××建设集团 工程总承包部	专业技术 负责人	专业质检员	检测人
			李××	吴××	徐××
	监理(建设) 单位	北京××监理有限责任公司	专业工程师		王××

本表由施工单位填写。

116

电源与接地 防雷与接地系统自检测记录 表 C6-72		资料编号	07-C6-72-×××
工程名称		北京××大厦	
部 位	室外地坪	检测时间	20××年××月 ××日

	检 测 内 容		检 测 记 录	备 注
1	防雷与接地系统引接 GB 50303 验收合格的共用接地装置		联合接地装置，接地电阻阻值为 0.1Ω	执行 GB 50339 第 11.3.1 条
2	建筑物金属体作接地装置接地电阻不应大于 1Ω			
3	采用单独接地装置	接地装置测试点的设置	符合设计要求	执行 GB 50303 第 24.1.1 条
		接地电阻值测试	接地电阻阻值为 0.5Ω	执行 GB 50303 第 24.1.2 条
		接地模块的埋没深度、间距和基坑尺寸	符合设计要求	执行 GB 50303 第 24.1.4 条
		接地模块设置应垂直或水平就位	符合设计要求	执行 GB 50303 第 24.1.5 条
4	其他接地装置	防过流、过压元件接地装置	符合设计要求	其设置应符合设计要求，连接可靠
		防电磁干扰屏蔽接地装置	符合设计要求	
		防静电接地装置	符合设计要求	
5	等电位联结	建筑物等电位联结干线的连接及局部等电位箱间的连接	符合设计要求	执行 GB 50303 第 27.1.1 条
		等电位联结的线路最小允许截面积	干线为黄绿双色 BV-16mm² 导线，支线为黄绿双色 BV-6mm² 导线，且有标识	执行 GB 50303 第 27.1.2 条
6	防过流和防过压接地装置、防电磁干扰屏蔽接地装置、防静电接地装置	接地装置埋没深度、间距和搭接长度	符合质量验收规范标准的要求	执行 GB 50303 第 24.2.1 条
		接地装置的材质和最小允许规格	符合设计要求	执行 GB 50303 第 24.2.2 条
		接地模块与干线的连接和干线材质选用	接地模块、接地干线为热镀锌钢板、扁钢，干线与接地模块并联焊接成一环路	执行 GB 50303 第 24.2.3 条
7	等电位联结采用单独接地装置	等电位联结的可接近裸露导体或其他金属部件、构件与支线的连接可靠，导通正常	金属部件、构件与支线的连接可靠，导通正常。符合质量验收规范标准的要求	执行 GB 50303 第 27.2.1 条
		需等电位联结的高级装修金属部件或零件等电位联结的连接	专用接线卡子与等电位联结支线做可靠连接，并有标识。符合质量验收规范标准的要求	执行 GB 50303 第 27.2.2 条

检测结论：

经检测，符合《建筑电气工程施工质量验收规范》（GB 50303—2002）、《智能建筑工程质量验收规范》（GB 50339—2003）标准及施工图设计要求，防雷与接地系统检测为合格。

签字栏	施工单位	北京××建设集团 工程总承包部	专业技术 负责人	专业质检员	检测人
			李××	吴××	徐××
	监理（建设）单位	北京××监理有限责任公司	专业工程师		王××

本表由施工单位填写。

电源与接地 智能建筑电源自检测记录 C6-73		资料编号	07-C6-73-×××
工程名称		北京××大厦	
部 位	A座地下一层变配电室	检测时间	20××年××月 ××日

	检 测 内 容	检 测 记 录	备 注
1	引接 GB 50303 验收 合格的公用电源	供电电源质量可靠	执行 GB 50339 规范第 11.2.1 条的规定
2	稳流稳压、不间 断电源装置	符合设计要求	执行 GB 50303 规范第 9.1、9.2 条的规定
3	应急发电机组	电气交接试验及调整各 项技术性能指标，符合技 术文件产品指标要求	执行 GB 50303 规范第 8.1、8.2 条的规定
4	蓄电池组及充 电设备蓄电池组充放电	符合技术文件产品指标 要求	执行 GB 50303 规范第 6.1.8 条的规定
5	专用电源设备 及电源箱交接试验	符合技术文件产品指标 要求	执行 GB 50303 规范第 10.1.2、10.2 条的规定
6	智能化主机房集中 供电专用电源线路安装质量	金属电缆桥架、支架和 金属导管之间连接牢固， 并做接地保护。电缆敷设 排列整齐有序、无绞拧 现象	执行 GB 50303 规范第 12.1、 12.2、 13.1、 13.2、 14.1、 14.2、 15.1、15.2 条的规定

检测结论：

经检测，符合《建筑电气工程施工质量验收规范》（GB 50303—2002）、《智能建筑工程质量验收规范》（GB 50339—2003）标准及施工图设计要求，电源与接地检测为合格。

签 字 栏	施工单位	北京××建设集团 工程总承包部	专业技术 负责人	专业质检员	检测人
			李××	吴××	徐××
	监理（建设） 单位	北京××监理有限责任公司	专业工程师		王××

本表由施工单位填写。

118

环境自检测记录 表 C6-74			资料编号	07-C6-74-×××
工程名称		北京××大厦		
部　位		A座首层机房	检测时间	20××年××月 ××日
检测内容			检测记录	备　注
1	空间环境	主要办公区域天花板净高不小于 2.7m	办公区域天花板净高为 2.8m	执行 GB 50305 规范第 12.2.1～12.2.4 条的规定
		楼板满足预埋地下线槽（线管）的条件架空地板、网络地板的铺设	符合设计要求	
		网络布线及其他系统布线配线间	为网络布线留有足够布线空间	
2	室内空调环境	室内温度、湿度控制	室内温度、湿度实现自动控制	
		室内温度，冬季 18～22℃，夏季 24～28℃	夏季室内温度为 26℃	
		室内相对湿度，冬季 40%～60%，夏季 40%～65%	夏季室内相对湿度为 50%	
		室内风速，夏季不大于 0.3m/s 室内风速，冬季不大于 0.2m/s	夏季室内风速为 0.2m/s	
3	视觉照明环境	工作面水平照度不小于 500Lx	工作面水平照度为 1000Lx	
		灯具满足眩光控制要求	室内灯具满足眩光控制要求	
		灯具布置应模数化，消除频闪	室内灯具为模数化布置，无频闪现象。	
4	电磁环境	符合 GB 9175 和 GB 8702 的要求	符合规范标准的要求	符合规范要求，为合格
5	空间环境	室内装饰色彩合理组合装修用材符合 GB 50305 规定	符合《建筑装饰装修工程质量验收规范》（GB 50305—2001）标准的要求	执行 GB 50305 规范第 12.2.5～12.2.7 条的规定
		地毯静电泄漏在 $1.0 \times 10^5 \sim 1.0 \times 10^8 \Omega$ 之间	地毯静电泄漏为 $6.0 \times 10^7 \Omega$	
		降低噪声和隔声措施	降低噪声和隔声措施得当	
6	室内空调环境	室内 CO 含量率小于 $10 \times 10^{-6} g/m^3$	室内 CO 含量率为 $2 \times 10^{-6} g/m^3$	
		室内 CO_2 含量率小于 $1000 \times 10^{-6} g/m^3$	室内 CO_2 含量率为 $600 \times 10^{-6} g/m^3$	
7	室内噪声	办公室推荐值 40～45dBA	室内噪声检测值为 40dBA	
		监控室推荐值 35～40dBA	室内噪声监测值为 40dBA	

检测结论：
　　经检测，符合《民用建筑工程室内环境污染控制规范》（GB 50305—2001）、《环境电磁波卫生标准》（GB 9175—1988）、《电磁辐射防护标准》（GB 8702—1988）标准及施工图设计要求，环境检测为合格。

签字栏	施工单位	北京××建设集团 工程总承包部	专业技术负责人	专业质检员	检测人
			李××	吴××	徐××
	监理（建设）单位	北京××监理有限责任公司		专业工程师	王××

本表由施工单位填写。

住宅（小区）智能化系统 火灾自动报警及消防联动系统自检测记录 表 C6-75		资料编号	07-C6-75-×× ×
工程名称		北京××大厦	
部　　位	A座十六层客房	检测时间	20××年××月 ××日

	检 测 内 容		检测记录	备　　注
1	符合 GB 50339—2003 第 7 章规定		符合 GB 50339—2003 第 7 章规定	使用"火灾自动报警及消防联动系统自检记录"
2	可燃气体泄漏报警系统检测	可靠性	满足设计要求	满足设计及 GB 50339 规范要求时，为检测合格
		报警效果	满足设计要求	
3	可燃气体泄漏报警联动	自动切断气源	满足设计要求	
		打开排气装置	满足设计要求	
4	可燃气体探测器	不得重复接入家庭控制器	满足设计要求	

检测结论：

　　经检测，符合《火灾自动报警系统施工及验收规范》（GB 50166—2007）、《智能建筑工程质量验收规范》（GB 50339—2003）标准及施工图设计要求，火灾自动报警及消防联动系统检测为合格。

签字栏	施工单位	北京××建设集团 工程总承包部	专业技术 负责人	专业质检员	检测人
			李××	吴××	徐××
	监理（建设） 单位	北京××监理有限责任公司	专业工程师		王××

本表由施工单位填写。

120

<table>
<tr><td colspan="3" align="center">住宅（小区）智能化系统
火灾自动报警及消防联动系统自检测记录
表 C6-76</td><td align="center">资料编号</td><td align="center">07-C6-76-×××</td></tr>
<tr><td colspan="2" align="center">工程名称</td><td colspan="3" align="center">北京××大厦</td></tr>
<tr><td colspan="2" align="center">部　位</td><td align="center">A座十六层客房</td><td align="center">检测时间</td><td align="center">20××年××月
××日</td></tr>
<tr><td colspan="3" align="center">检测内容</td><td align="center">检测记录</td><td align="center">备　注</td></tr>
<tr><td>1</td><td colspan="2">视频安防监控系统、入侵报警系统、出入口控制系统、巡更管理系统符合本章第五节有关规定</td><td>视频安防监控系统、入侵报警系统、出入口控制系统、巡更管理系统符合规范标准的要求</td><td>使用安全防范系统相关记录表</td></tr>
<tr><td rowspan="11">2</td><td rowspan="11">访客对讲系统</td><td>室内机门铃及双方通话应清晰</td><td>双方通话清晰</td><td rowspan="11">满足设计及 GB 50339 规范要求时，为检测合格</td></tr>
<tr><td>通话保密性</td><td>符合设计要求</td></tr>
<tr><td>开锁</td><td>符合设计要求</td></tr>
<tr><td>呼叫</td><td>符合设计要求</td></tr>
<tr><td>可视对讲夜视效果</td><td>符合设计要求</td></tr>
<tr><td>密码开锁</td><td>符合设计要求</td></tr>
<tr><td>紧急情况电控锁释放</td><td>符合设计要求</td></tr>
<tr><td>通信及联网管理</td><td>符合设计要求</td></tr>
<tr><td>备用电源工作 8h</td><td>符合设计要求</td></tr>
<tr><td>定时关机</td><td>定时关机</td></tr>
<tr><td rowspan="3">3</td><td rowspan="3">访客对讲系统</td><td>可视图像清晰</td><td>可视图像清晰</td></tr>
<tr><td>对讲门口机图像可监视</td><td>对讲门口机图像可进行监视</td></tr>
<tr><td>室内机门铃及双方通话应清晰</td><td>双方通话清晰</td></tr>
<tr><td colspan="2"></td><td></td><td></td><td></td></tr>
<tr><td colspan="2"></td><td></td><td></td><td></td></tr>
<tr><td colspan="2"></td><td></td><td></td><td></td></tr>
</table>

检测结论：

经检测，符合《火灾自动报警系统施工及验收规范》（GB 50166—2007）、《智能建筑工程质量验收规范》（GB 50339—2003）标准及施工图设计要求，火灾自动报警及消防联动系统检测为合格。

<table>
<tr><td rowspan="4" align="center">签
字
栏</td><td align="center">施工单位</td><td rowspan="2" align="center">北京××建设集团
工程总承包部</td><td align="center">专业技术
负责人</td><td align="center">专业质检员</td><td align="center">检测人</td></tr>
<tr><td align="center">李××</td><td align="center">吴××</td><td align="center">徐××</td></tr>
<tr><td align="center">监理（建设）
单位</td><td colspan="2" align="center">北京××监理有限责任公司</td><td colspan="2" align="center">专业工程师</td></tr>
<tr><td colspan="3"></td><td colspan="2" align="center">王××</td></tr>
</table>

本表由施工单位填写。

住宅（小区）智能化系统 火灾自动报警及消防联动系统自检测记录 表C6-77			资料编号	07-C6-77-××

工程名称			北京××大厦		
部　　位		A座首层	检测时间		20××年××月 ××日

	检 测 内 容		检测记录	备　　注
1	室外设备箱安装	应有防水、防潮、防晒、防锈措施	有防水、防潮、防晒、防锈措施	符合现行国家规范及设计要求
		设备浪涌过电压防护器设置	符合设计要求	
		接地联结	符合质量验收规范标准的要求	
2	室外电缆及导管	室外电缆导管敷设	电缆保护管间采用丝扣管箍连接，两端做接地卡子，埋深 0.6m，距土壤表面 20mm 处采取保护措施	执行 GB 50303 规范有关的规定
		室外线路敷设	线缆的额定电压为750V，管内线缆无接头现象，并对进户管的管口进行封堵	

检测结论：

　　经检测，符合《建筑电气工程施工质量验收规范》（GB 50303—2002）、《火灾自动报警系统施工及验收规范》（GB 50166—2007）标准及施工图设计要求，火灾自动报警及消防联动系统检测为合格。

签字栏	施工单位	北京××建设集团工程总承包部	专业技术负责人	专业质检员	检测人
			李××	吴××	徐××
	监理（建设）单位	北京××监理有限责任公司	专业工程师		王××

本表由施工单位填写。

住宅（小区）智能化系统 物业管理系统自检测记录 表 C6-78			资料编号	07-C6-78-×××
工程名称		北京××大厦		
部 位		A 座十六层客房	检测时间	20××年××月××日
检 测 内 容			检测记录	备 注
1	表具数据自动抄收及远传系统	水、电、气、热（冷）表具选择	产品合格证、计量测定证书、出厂检测报告齐全	表具的产品合格证、计量测定证书、出厂检测报告齐全，功能检测符合设计要求时，为合格
		系统查询、统计、打印、费用计算	符合设计要求	
		断电数据保存四个月以上，电源恢复数据不丢失	符合设计要求	
		系统应具有时钟、故障报警、防破坏报警功能	符合设计要求	
2	建筑设备监控系统	符合本规范第 6 章有关规定、饮用水过滤设备报警、消毒设备故障报警	符合设计要求	符合设计要求时，为检测合格
3	公共广播与紧急广播系统	符合 GB 50339 第 4.2.10 条的规定	符合规范要求	使用第 4 章记录
4	住宅（小区）物业管理系统	应包括人员管理、房产维修、费用查询收取、公共设施管理、工程图纸管理等功能	使用功能满足设计要求	符合设计要求时，为检测合格。其中信息安全应符合 GB 50339 规范第 5.5 条的规定
		信息服务项目应包括家政服务、电子商务、远程教育、远程医疗、电子银行、娱乐项目等	使用功能满足设计要求	
		物业人事管理、企业管理、财务管理	符合设计要求	
		物业管理系统信息安全符合本规范第 5.5 条的要求	符合设计要求	
5	表具数据自动抄收及远传系统	表具采集与远传数据一致性	表具采集与远传数据一致	每类表具检测合格率 100％ 时，为检测合格
6	建筑设备监控系统	园区照明时间设定、控制回路开启设定、灯光场景设定、照度调整	符合设计要求	符合设计要求时，为检测合格
		浇灌水泵监视控制、中水设备监视控制	符合设计要求	
7	住宅（小区）物业管理系统	房产出租管理、房产二次装修管理	符合设计要求	符合设计要求时，为检测合格。其中管理系统软件检测应符合 GB 50339 规范第 5.4 条的规定
		住户投诉处理	符合设计要求	
		数据资料的记录、保存、查询	符合设计要求	

检测结论：
经检测，符合《建筑电气工程施工质量验收规范》（GB 50303—2002）、《智能建筑工程质量验收规范》（GB 50339—2003）标准及施工图设计要求，系统检测为合格。

签字栏	施工单位	北京××建设集团工程总承包部	专业技术负责人	专业质检员	检测人
			李××	吴××	徐××
	监理（建设）单位	北京××监理有限责任公司	专业工程师		王××

本表由施工单位填写。

住宅（小区）智能化系统 智能家庭信息平台自检测记录 表C6-79			资料编号	07-C6-79-××××
工程名称		北京××大厦		
部　位		A座十六层客房	检测时间	20××年××月 ××日
检测内容			检测记录	备　注
1	家庭报警 功能检测	感烟探测器、感温探测器、燃气探测器检测	探测器检测符合国家现行产品标准	探测器检测应符合国家现行产品标准，入侵报警探测器检测执行 GB 50339 规范第3.7条，其他应符合设计要求时，为合格
		入侵报警探测器检测	报警探测器检测符合本规范第8.3.7条规定的要求	
		家庭报警撤防、布防	家庭报警撤防、布防符合设计要求	
		控制功能	控制功能符合设计要求	
2	家庭紧急求助功能检测	可靠性	准确、及时传递紧急求助信号	符合设计要求时，为检测合格
		可操作性	行为不便者，可方便地发出求助信号	
		防破坏报警	符合设计要求	
		故障报警	符合设计要求	
3	家用电器监控功能检测	监控功能	符合设计要求	符合设计要求时，为检测合格。发射频率检测应符合国家有关规定
		误操作处理	对误操作具有处理能力	
		故障报警处理	对故障报警具有处理能力	
		发射频率及功率检测	发射频率400MHz，功率检测30mW	
4	家庭紧急求助报警装置检测	每户宜装一处以上的紧急求助报警装置	卧室安装紧急求助报警装置	
		宜有一种以上的报警方式（手动、遥控、感应等）	手动报警	
		区别求助内容	报警信号有别于紧急求助	
		夜间显示	紧急求助报警显示屏夜间显示	

检测结论：

　　经检测，符合《建筑电气工程施工质量验收规范》（GB 50303—2002）、《智能建筑工程质量验收规范》（GB 50339—2003）标准及施工图设计要求，系统检测为合格。

签字栏	施工单位	北京××建设集团 工程总承包部	专业技术 负责人	专业质检员	检测人
			李××	吴××	徐××
	监理（建设） 单位	北京××监理有限责任公司	专业工程师		王××

本表由施工单位填写。

智能系统试运行记录 表 C6-80		资料编号	07-C6-80-×·×

工程名称			北京××大厦	
系统名称	综合布线系统		试运行部位	A座1段信息中心
序号	日期/时间	系统试运行记录	值班人	备注
1	20××年××月××日/8：00～17：00	系统传输正常	黄×× 程××	
2	20××年××月××日/8：00～17：00	系统传输正常	黄×× 程××	
3	20××年××月××日/8：00～17：00	系统传输正常	黄×× 程××	
4	20××年××月××日/8：00～17：00	系统传输正常	黄×× 程××	
5	20××年××月××日/8：00～17：00	系统传输正常	黄×× 程××	
6	20××年××月××日/8：00～17：00	系统传输正常	黄×× 程××	
7	20××年××月××日/8：00～17：00	系统传输正常	黄×× 程××	
8	20××年××月××日/8：00～17：00	系统传输正常	黄×× 程××	系统运行情况栏
9	20××年××月××日/8：00～17：00	系统传输正常	黄×× 程××	中，注明正常/不正
10	20××年××月××日/8：00～17：00	系统传输正常	黄×× 程××	常，并每班至少填写
11	20××年××月××日/8：00～17：00	系统传输正常	黄×× 程××	一次；不正常的在要
12	20××年××月××日/8：00～17：00	系统传输正常	黄×× 程××	说明情况（包括修复
13	20××年××月××日/8：00～17：00	系统传输正常	黄×× 程××	日期）
14	20××年××月××日/8：00～17：00	系统传输正常	黄×× 程××	
15	20××年××月××日/8：00～17：00	系统传输正常	黄×× 程××	
16	20××年××月××日/8：00～17：00	系统传输正常	黄×× 程××	

检测结论：

经检测，符合《建筑电气工程施工质量验收规范》（GB 50303—2002）、《智能建筑工程质量验收规范》（GB 50339—2003）标准及施工图设计要求，综合布线系统检测为合格。

签字栏	施工单位	北京××建设集团 工程总承包部	专业技术 负责人	专业质检员	检测人
			李××	吴××	徐××
	监理（建设） 单位	北京××监理有限责任公司		专业工程师	王××

本表由施工单位填写。

第四章
建筑给水排水及采暖工程

设备及管道附件试验记录 表 C4-19		资料编号	05-C4-19-×××
工程名称	北京××大厦	系统名称	采暖系统
设备/管道附件名称	热量表	试验日期	20××年××月××日

试验要求：

热量表在介质温度为最高工作温度减10℃，压力为最大工作压力1.6倍的自来水，稳定15min。

	型号、材质	HM-20 铜合金			
	规　格	DN20			
	总 数 量	5只			
	试验数量	5只			
	公称或工作压力（MPa）	1.0			
强度试验	试验压力（MPa）	1.6			
	试验持续时间（s）	900			
	试验压力降（MPa）	0.005			
	渗漏情况	无			
	试验结论	合格			
严密性试验	试验压力（MPa）				
	试验持续时间（s）				
	试验压力降（MPa）				
	渗漏情况				
	试验结论				
签字栏	施工单位	北京××建设集团 工程总承包部	专业技术负责人	专业质检员	专业工长
			刘××	王××	吕××
	监理（建设）单位	北京××监理有限责任公司	专业工程师		赵××

本表由施工单位填写。

隐蔽工程检查记录 表 C5-1		资料编号	05-C5-1-×××
工程名称		北京××大厦	
隐检项目	给水出外墙防水套管安装	隐检日期	20××年××月 ××日
隐检部位		地下一层 ①～③/⑪、①～⑮/S轴线－1.90m 标高	

隐检依据：施工图图号_____设-06_____，设计变更/洽商（编号_____/_____）及有关国家现行标准等。

主要材料名称及规格/型号：_____刚性防水套管、DN80_____

_____

隐检内容：

1. 防水套管的材质为焊接钢管，防水翼环壁厚为 10mm，高度为 60mm。
2. 防水套管安装在地下一层①～③轴/⑪轴、①～⑮轴/S轴外墙上，标高为－1.90m。
3. 套管固定采用附加筋的形式，安装牢固。翼环焊缝饱满、均匀，表面无夹渣、裂纹和漏焊等缺陷。
4. 套管端截面及管内壁涂防锈漆两道，防腐良好。

影像资料的部位、数量：

影像资料的部位处于地下一层，①～③/⑪、①～⑮/ Ⓢ 轴线，－1.90m 标高；数量为一份。（照片略）

申报人：刘××

检查意见：

经检查：防水套管的规格型号、安装位置、标高、固定方式等均符合施工图设计及《建筑给水排水及采暖工程施工质量验收规范》（GB 50242—2002）的要求。

检查结论： ☑ 同意隐蔽 □不同意，修改后进行复查

复查结论：

复查人： 复查日期：

签字栏	施工单位	北京××建设集团 工程总承包部	专业技术 负责人	专业质检员	专业工长
			刘××	王××	吕××
	监理（建设） 单位	北京××监理有限责任公司	专业工程师		赵××

本表由施工单位填写，并附影像资料。

<table>
<tr><td colspan="2" align="center">隐蔽工程检查记录
表 C5-1</td><td align="center">资料编号</td><td align="center">05-C5-1-×××</td></tr>
<tr><td align="center">工程名称</td><td colspan="3" align="center">北京××大厦</td></tr>
<tr><td align="center">隐检项目</td><td align="center">低区冷水导管安装</td><td align="center">隐检日期</td><td align="center">20××年×.×月
××日</td></tr>
<tr><td align="center">隐检部位</td><td colspan="3" align="center">地下一层⑪～⑰轴/Ⓖ～Ⓜ轴－1.95m标高</td></tr>
</table>

隐检依据：施工图图号＿＿＿＿设-02 改＿＿＿＿＿＿，设计变更/洽商（编号＿＿＿＿/＿＿＿＿）及有关国家现行标准等。

主要材料名称及规格/型号：＿＿给水衬塑复合钢管 *DN*25 *DN*40 *DN*50＿＿＿＿＿＿＿＿＿＿

＿＿＿

隐检内容：

1. 本层低区冷水导管材质采用给水衬塑复合钢管，管径为 *DN*25～*DN*50。

2. 冷水导管采用丝扣连接，丝扣合格，接口严密，外露丝扣已作过防腐处理。

3. 安装在地下一层⑪～⑰轴/Ⓖ～Ⓜ轴顶板下，标高为－0.85m，进户管标高为－1.95m，坡度为2‰。

4. 管道位置合理，管道使用 ϕ10 圆钢吊架固定，吊架间距为 5m。

5. 强度试验结果合格。

影像资料的部位、数量：

影像资料的部位处于地下一层，⑪～⑰轴/Ⓖ～Ⓜ轴，－1.95m 标高；数量为一份。（照片略）

申报人：刘××

检查意见：

经检查：管道安装符合施工图设计及《建筑给水排水及采暖工程施工质量验收规范》（GB 50242—2002）的要求。

检查结论：　☑ 同意隐蔽　　□不同意，修改后进行复查

复查结论：

复查人：　　　　　　　　　　　　　　　　　　　　　　复查日期：

<table>
<tr><td rowspan="4" align="center">签
字
栏</td><td align="center">施工单位</td><td align="center" colspan="2">北京××建设集团
工程总承包部</td><td align="center">专业技术
负责人</td><td align="center">专业质检员</td><td align="center">专业工长</td></tr>
<tr><td></td><td colspan="2"></td><td align="center">刘××</td><td align="center">王××</td><td align="center">吕××</td></tr>
<tr><td align="center">监理（建设）
单位</td><td align="center" colspan="3">北京××监理有限责任公司</td><td align="center">专业工程师</td><td align="center">赵××</td></tr>
</table>

本表由施工单位填写，并附影像资料。

隐蔽工程检查记录 表 C5-1		资料编号	05-C5-1-×××
工程名称		北京××大厦	
隐检项目	卫生间排水导、支管安装	隐检日期	20××年××月 ××日
隐检部位	地下一层⑫~㉖轴/ ⑦~ ⑭ 轴线		−1.80m 标高

隐检依据：施工图图号_____设-09_____，设计变更/洽商（编号_____/_____）及有关国家现行标准等。

主要材料名称及规格/型号：_____机制灰口铸铁管 DN50、DN100_____

隐检内容：
1. 管道为机制灰口铸铁管，管径为 DN50、DN100，管道连接采用水泥捻口方式。
2. 地下埋设安装，标高为−1.80m，坡度为 15‰。
3. 管道外刷防锈漆一遍，沥青防腐两道。
4. 管道使用砖砌墩水泥固定，间距为 1.2m。
5. 卫生间地漏标高低于实际地面 5mm。
6. 灌水试验合格。

影像资料的部位、数量：
影像资料的部位处于地下一层，⑫~㉖轴/ ⑦~ ⑭轴，−1.95m 标高；数量为一份。（照片略）

申报人：刘××

检查意见：

经检查：排水立支管安装符合施工图设计及《建筑给水排水及采暖工程施工质量验收规范》（GB 50242—2002）的要求。

检查结论： ☑ 同意隐蔽   □不同意，修改后进行复查

复查结论：

复查人：   复查日期：

签 字 栏	施工单位	北京××建设集团 工程总承包部	专业技术 负责人	专业质检员	专业工长
			刘××	王××	吕××
	监理（建设） 单位	北京××监理有限责任公司	专业工程师		赵××

本表由施工单位填写，并附影像资料。

隐蔽工程检查记录 表 C5-1		资料编号	05-C5-1-×××
工程名称		北京××大厦	
隐检项目	卫生间热水支管安装	隐检日期	20××年××月 ××日
隐检部位	三层①～⑥轴/ ⓒ～ ① 轴线　F－0.2m标高		

隐检依据：施工图图号____设-05、设-08____，设计变更/洽商（编号____／____）及有关国家现行标准等。

　　主要材料名称及规格/型号：____PP-R管 $De25$、$De20$____

隐检内容：

1. 支管采用 PP-R 管，管径为 $De25$、$De20$，标高为 F-0.2m，热熔连接；

2. 管道使用专用管卡固定，固定牢固，管卡间距为 600mm；

3. 各器具甩口尺寸、安装位置符合施工图设计要求；

4. 强度严密性试验合格。

影像资料的部位、数量：

　　影像资料的部位处于三层，①～⑥轴/ ⓒ～ ①轴，F-0.2m标高；数量为一份。（照片略）

　　　　　　　　　　　　　　　　　　　　　　　　　　　　　　申报人：刘××

检查意见：

　　经检查：热水支管管材、规格及安装技术要求均符合施工图设计及《建筑给水排水及采暖工程施工质量验收规范》（GB 50242—2002）的要求。

检查结论：　　☑同意隐蔽　　　　　　　　　□不同意，修改后进行复查

复查结论：

复查人：　　　　　　　　　　　　　　　　　　　　　　　复查日期：

签 字 栏	施工单位	北京××建设集团 工程总承包部	专业技术 负责人	专业质检员	专业工长
			刘××	王××	吕××
	监理（建设） 单位	北京××监理有限责任公司	专业工程师		赵××

本表由施工单位填写，并附影像资料。

隐蔽工程检查记录 表 C5-1		资料编号	05-C5-1-×××
工程名称		北京××大厦	
隐检项目	采暖支管安装	隐检日期	20××年××月××日
隐检部位		三层①～⑥轴/ⓒ～ⓙ 轴线－0.1m标高	

隐检依据：施工图图号＿＿＿＿＿设-05、设-06＿＿＿＿＿，设计变更/洽商（编号＿＿＿／＿＿＿）
及有关国家现行标准等。

主要材料名称及规格/型号：＿＿＿＿PB管 De25、De20＿＿＿＿

隐检内容：

1. 本层采暖支管采用PB管，管径为De25、De20，热熔连接。

2. 管道敷设于垫层中，标高为－0.1m，管道穿越卫生间、居室隔墙时采用钢套管密封严密。

3. 管道使用专用管卡固定，最大间距为550mm，管道沿墙敷设距墙尺寸为300mm。

4. 散热器甩口尺寸、位置符合施工图设计要求。

5. 单项水压试验结果合格。

6. 敷设于垫层中的管道，均按设计要求加装波纹塑料管。

影像资料的部位、数量：

影像资料的部位处于三层，①～⑥轴/ⓒ～ⓙ 轴，－0.1m标高；数量为一份。（照片略）

申报人：刘××

检查意见：

经检查：采暖支管的敷设位置、固定卡、单项水压试验等均符合施工图设计及《建筑给水排水及采暖工程施工质量验收规范》（GB 50242—2002）的要求。

检查结论：　☑同意隐蔽　　　　　　　　　　　□不同意，修改后进行复查

复查结论：

复查人：　　　　　　　　　　　　　　　　　　　复查日期：

签字栏	施工单位	北京××建设集团 工程总承包部	专业技术 负责人	专业质检员	专业工长
			刘××	王××	吕××
	监理（建设） 单位	北京××监理有限责任公司	专业工程师		赵××

本表由施工单位填写，并附影像资料。

交接检查记录 表 C5-2		资料编号	05-C5-2-×××
工程名称		北京××大厦	
移交单位名称	北京××建设 集团工程总承包部	接收单位名称	北京××机电安装有限公司
交接部位	一层至二十六层 卫生间给水管道	检查日期	20××年××月××日

交接内容：

　　北京××建设集团工程总承包部负责本工程一层至二十六层卫生间给水管道安装，现已施工完毕，将移交北京××机电安装有限责任公司进行卫生间的设备安装。

检查结果：

　　经移交单位、接收单位和监理单位三方共同检查，一层至二十六层卫生间给水管道已按施工图设计及《建筑给水排水及采暖工程施工质量验收规范》（GB 50242—2002）的要求安装完毕，并分别进行灌水试验和强度严密性试验，试验内容全部合格，且管道甩口均封堵。

复查意见：

复查人：　　　　　　　　　　　　　　　　　　　　复查日期：

签 字 栏	移交单位	接收单位
	李××	吴××

本表由移交单位填写。

交接检查记录 表 C5-2		资料编号	05-C5-2-××××
工程名称		北京××大厦	
移交单位名称	北京××建设集团 工程总承包部	接收单位名称	北京××机电安装有限公司
交接部位	一层吊顶内给水排水管道	检查日期	20××年××月 ××日

交接内容：

　　北京××建设集团工程总承包部负责一层吊顶内给水排水管道的安装，现已安装完毕，管道的安装位置、标高、路由和成品保护均符合施工图设计及《建筑给水排水及采暖工程施工质量验收规范》（GB 50242—2002）的要求，自查合格，将移交北京××装饰工程有限责任公司进行一层的装修。

检查结果：

　　经移交单位、接收单位和见证单位三方共同检查，一层吊顶内给水排水管道的安装位置、标高、路由和成品保护均符合施工图设计及《建筑给水排水及采暖工程施工质量验收规范》（GB 50242—2002）的要求，管道甩口处均用填料进行封堵，管道表面无破损、裂纹等缺陷，我方同意接收。

复查意见：

复查人：　　　　　　　　　　　　　　　　　　　　　　复查日期：

签 字 栏	移交单位	接收单位
	李××	吴××

本表由移交单位填写。

施工检查记录（通用） 表 C5-19		资料编号	05-C5-19-××
工程名称	北京××大厦	检查项目	给水管道预留孔洞
检查部位	A座1段3层底板	检查日期	20××年××月××日

检查依据：

《建筑给水排水及采暖工程施工质量验收规范》（GB 50242—2002）及设-05 图

检查内容：

1. 孔洞预留采用刚性手提套管。

2. 预留尺寸规格数量为：DN200 的 2 个，DN150 的 5 个，DN100 的 5 个，DN50 的 3 个。

3. 预留孔洞位置为：DN200 的在 ⒦～ ⒡/③轴，中心距墙 180mm。

   DN150 的在 ⒦～ ⒡/⑮轴，中心距墙 150mm。

   DN100 的在 ⒥～ ⒮/④轴，中心距墙 140mm。

   DN50 的在 ⒥～ ⒮/⑯轴，中心距墙 120mm。

4. 预留孔洞平整、光滑。

检查意见：

经检查：预留孔洞位置准确，符合施工图设计及《建筑给水排水及采暖工程施工质量验收规范》（GB 50242—2002）的要求。

复查意见：

复查人：   复查日期：

施工单位	北京××建设集团工程总承包部	
专业技术负责人	专业质检员	专业工长
刘××	王××	吕××

本表由施工单位填写。

施工检查记录（通用） 表 C5-19		资料编号	05-C5-19-×× ×
工程名称	北京××大厦	检查项目	给水立支管安装
检查部位	A座1段地下二层底板	检查日期	20××年××月××日

检查依据：

《建筑给水排水及采暖工程施工质量验收规范》（GB 50242—2002）及设防-05 图。

检查内容：

1. 地下二层卫生间给水立支管材质采用给水衬塑复合钢管，管径为 $DN15$、$DN20$。

2. 给水立支管采用螺纹连接。

3. 安装在地下二层顶板下，冷水立支管距墙尺寸为 60mm，标高－5.20～－7.40m。

4. 立管使用 L25×3 角钢、U 形卡固定，支管采用单管卡固定，间距 1.5m。

5. 各甩口标高、位置和几何尺寸符合施工图设计要求。

检查意见：

经检查：符合施工图设计及《建筑给水排水及采暖工程施工质量验收规范》（GB 50242—2002）的要求。

复查意见：

复查人：   复查日期：

施工单位	北京××建设集团工程总承包部	
专业技术负责人	专业质检员	专业工长
刘××	王××	吕××

本表由施工单位填写。

施工检查记录（通用） 表 C5-19		资料编号	05-C5-19-×× ×
工程名称	北京××大厦	检查项目	给水泵基础
检查部位	A 座 1 段地下一层底板	检查日期	20××年××月××日

检查依据：

《建筑给水排水及采暖工程施工质量验收规范》（GB 50242—2002）及设-07、设-08 图

检查内容：

1. 地下一层给水泵基础，位置在 Ⓐ～ Ⓕ轴/⑤～⑧轴泵房。

2. 基础采用混凝土 C25，厂家样本要求尺寸为 1100mm×1100mm×500mm，基础表面平整，抹灰光滑。

3. 预留地脚螺栓孔位置正确。

4、按施工图设计及图集要求为减振基础。

检查意见：

经检查：水泵基础的位置、尺寸等均符合施工图设计及《建筑给水排水及采暖工程施工质量验收规范》（GB 50242—2002）的要求。

复查意见：

复查人：   复查日期：

施工单位	北京××建设集团工程总承包部	
专业技术负责人	专业质检员	专业工长
刘××	王××	吕××

本表由施工单位填写。

施工检查记录（通用） 表 C5-19		资料编号	05-C5-19-×××
工程名称	北京××大厦	检查项目	冷水管道防结露保温
检查部位	二层给水立支管	检查日期	20××年××月××日

检查依据：

《建筑给水排水及采暖工程施工质量验收规范》（GB 50242—2002）及设防-05 图

检查内容：

1. 保温材料的强度、规格及保温做法符合施工图设计要求及施工质量验收规范的要求。

2. 材料为高压聚乙烯管壳，外缠塑料布两道，缠绕均匀、整齐。

3. 保温层厚度一致，表面平整、美观，做法正确，接槎合理，封口严密，无空鼓及松动。

4. 防火等级符合施工图设计要求。

检查意见：

经检查：符合施工图设计及《建筑给水排水及采暖工程施工质量验收规范》（GB 50242—2002）的要求。

复查意见：

复查人： 复查日期：

施工单位	北京××建设集团工程总承包部	
专业技术负责人	专业质检员	专业工长
刘××	王××	吕××

本表由施工单位填写。

施工检查记录（通用） 表 C5-19		资料编号	05-C5-19-××
工程名称	北京××大厦	检查项目	消火栓导管安装
检查部位	B座2段地下一层	检查日期	20××年××月××日

检查依据：

《建筑给水排水及采暖工程施工质量验收规范》（GB 50242—2002）及设-13、设-16图

检查内容：

1. 消火栓系统采用无缝钢管，管径为$\phi114\times4$、$\phi89\times3.5$。
2. 无缝钢管连接采用焊接。
3. 管道位置在①～⑱轴/Ⓐ～Ⓤ 轴之间，入户标高为－2.5m，各甩口位置、尺寸均符合施工图要求。
4. 管道连接处防腐处理完好。
5. 吊架采用$\phi12$钢筋与8号槽钢连接，吊架间距为6m，管道安装平行牢固。
6. 焊波均匀一致，焊口表面无烧穿、裂纹及明显的结瘤、夹渣和气孔等缺陷。
7. 消防导管翻身处做泄水装置$DN20$闸阀，共2处。

检查意见：

经检查：消火栓系统管道的材质、规格、安装技术要求均符合施工图设计及《建筑给水排水及采暖工程施工质量验收规范》（GB 50242—2002）的要求。

复查意见：

复查人：   复查日期：

施工单位	北京××建设集团工程总承包部	
专业技术负责人	专业质检员	专业工长
刘××	王××	吕××

本表由施工单位填写。

施工检查记录（通用） 表 C5-19		资料编号	05-C5-19-×××
工程名称	北京××大厦	检查项目	消防水泵基础
检查部位	B座1段地下一层	检查日期	20××年××月××日

检查依据：

《建筑给水排水及采暖工程施工质量验收规范》（GB 50242—2002）及设-09、设-10 图

检查内容：

1. 地下一层消防水泵基础，位置在 B1-⑧至 B1-⑩轴交 1/B1-Ｆ至 B1-Ｅ 轴泵房。

2. 基础采用混凝土 C25，尺寸为 1000mm×1000mm×600mm，基础表面平整，抹灰光滑。

3. 预留地脚螺栓孔位置符合施工图设计要求。

检查意见：

经检查：消防水泵基础平台位置、标高、几何尺寸均符合施工图设计及《建筑给水排水及采暖工程施工质量验收规范》（GB 50242—2002）的要求。

复查意见：

复查人：　　　　　　　　　　　　　　　　　　　　　　　　　　复查日期：

施工单位	北京××建设集团工程总承包部	
专业技术负责人	专业质检员	专业工长
刘××	王××	吕××

本表由施工单位填写。

142

施工检查记录（通用） 表 C5-19		资料编号	05-C5-19-×××
工程名称	北京××大厦	检查项目	消防水箱及消防稳压泵、 隔膜气压罐安装
检查部位	B座屋面水箱间	检查日期	20××年××月××日

检查依据：

《建筑给水排水及采暖工程施工质量验收规范》（GB 50242—2002）及设-04 图

检查内容：

1. 消防水箱为玻璃钢水箱，尺寸为 4000mm×2500mm×2500mm，安装位置、标高符合施工图设计要求，外观检查完整，水箱闭水试验合格。

2. 消防稳压泵的技术参数符合施工图设计要求，与管道连接处符合规范要求，泵的外观无起皮、锈蚀等缺陷。

3. 隔膜气压罐的技术参数符合施工图设计要求，安装牢固，与管道连接处符合规范要求，外观无起皮、锈蚀等缺陷。

检查意见：

经检查：消防水箱、消防稳压泵、隔膜气压罐材质规格、安装技术要求均符合施工图设计及《建筑给水排水及采暖工程施工质量验收规范》（GB 50242—2002）的要求。

复查意见：

复查人：   复查日期：

施工单位	北京××建设集团工程总承包部	
专业技术负责人	专业质检员	专业工长
刘××	王××	吕××

本表由施工单位填写。

施工检查记录（通用） 表 C5-19		资料编号	05-C5-19-××
工程名称	北京××大厦	检查项目	消火栓箱安装
检查部位	A座1段三层至五层	检查日期	20××年××月××日

检查依据：

《建筑给水排水及采暖工程施工质量验收规范》（GB 50242—2002）及设-09图

检查内容：

1. 消火栓箱为甲型单栓，规格为 800mm×650mm×240mm，材质为 1.2mm 冷轧钢板。

2. 安装在①～⑤轴/Ｆ～Ｇ轴、①～⑤轴/Ｈ～Ⅰ轴、⑦～⑨轴/Ⅰ～Ⅼ轴。

3. 消火栓安装时栓口朝外，安装在开门一侧，安装牢固，栓口中心距地 1100mm，距箱侧面为 140mm，距箱后内表面 100mm。

4. 水龙带、水枪等配件待交工前安装完毕。

检查意见：

经检查：消火栓箱和消火栓型号、规格及安装技术要求均符合施工图设计及《建筑给水排水及采暖工程施工质量验收规范》（GB 50242—2002）的要求。

复查意见：

复查人：   复查日期：

施工单位	北京××建设集团工程总承包部	
专业技术负责人	专业质检员	专业工长
刘××	王××	吕××

本表由施工单位填写。

施工检查记录（通用）表 C5-19		资料编号	05-C5-19-×××
工程名称	北京××大厦	检查项目	喷淋管道安装
检查部位	A座1段二层	检查日期	20××年××月××日

检查依据：

《建筑给水排水及采暖工程施工质量验收规范》（GB 50242—2002）及设-26 图

检查内容：

1. 喷淋管道采用镀锌钢管，其规格为 DN25～DN100，采用丝扣连接。

2. 管道 DN100 支吊架间距为 6m，DN50 支吊架间距为 5m。

3. 管道支吊架与喷头之间的距离为 300mm，与末端喷头之间的距离为 700mm。且每段配水干管均设置防晃支架 1 个。

4. 管道穿墙体设置钢套管，并与两端墙体齐平，套管与管道的间隙为不燃材料填塞密实。

5. 丝扣麻头清理干净，外露丝扣刷防锈漆。

6. 喷头安装待以后系统试压、冲洗合格后进行。

检查意见：

经检查：符合施工图设计及《自动喷水灭火系统施工及验收规范》（GB 50261—2005）要求。

复查意见：

复查人：   复查日期：

施工单位	北京××建设集团工程总承包部	
专业技术负责人	专业质检员	专业工长
刘××	王××	吕××

本表由施工单位填写。

施工检查记录（通用） 表 C5-19		资料编号	05-C5-19-××××
工程名称	北京××大厦	检查项目	排水立管安装
检查部位	A座1段十九至二十一层	检查日期	20××年××月××日

检查依据：

《建筑给水排水及采暖工程施工质量验收规范》（GB 50242—2002）及设-12、16图

检查内容：

1. 十九至二十一层排水立管采用W型柔性铸铁管，管径为DN75、DN100、DN125，卡箍连接。

2. 安装厨房、卫生间里，排水立管距墙尺寸为130mm，立管垂直度在2mm/m以内。

3. DN75、DN100、DN125立管每层加地坪角钢卡子，固定牢固。

4. 每层距地1m安装立管检查口，检查口方向均为90°朝外安装。

5. 管道防腐均匀，无脱皮、起皮等缺陷。

6. 管道根部无污染现象。

检查意见：

经检查：管道安装符合施工图设计及《建筑给水排水及采暖工程施工质量验收规范》（GB 50242—2002）的
要求。

复查意见：

复查人：   复查日期：

施工单位	北京××建设集团工程总承包部	
专业技术负责人	专业质检员	专业工长
刘××	王××	吕××

本表由施工单位填写。

146

施工检查记录（通用） 表 C5-19		资料编号	05-C5-19-×××
工程名称	北京××大厦	检查项目	排水支管安装
检查部位	A座1段二层	检查日期	20××年××月××日

检查依据：

《建筑给水排水及采暖工程施工质量验收规范》（GB 50242—2002）及设-04 图

检查内容：

1. 排水支管采用柔性机制铸铁管，卡箍连接，接口严密平直，无扭曲，环环间隙一致。

2. 吊架采用Φ10钢筋固定在顶板下，吊架间距均不大于 2m，安装牢固。

3. 支管坡度均匀，无倒坡现象。

4. 地漏安装凹入地面位置，低于实际地面 5mm，周边封闭严密、平整、光洁，水封深度不小于 50mm。

5. 各连接器具甩口尺寸符合设计要求，位置准确无误。

6. 管道防腐均匀，无脱皮、起泡。

7. 管道根部无污染现象。

检查意见：

经检查：符合施工图设计及《建筑给水排水及采暖工程施工质量验收规范》（GB 50242—2002）的要求。

复查意见：

复查人： 复查日期：

施工单位	北京××建设集团工程总承包部	
专业技术负责人	专业质检员	专业工长
刘××	王××	吕××

本表由施工单位填写。

施工检查记录（通用） 表 C5-19		资料编号	05-C5-19-×××
工程名称	北京××大厦	检查项目	污水泵安装
检查部位	A座1段地下一层	检查日期	20××年××月××日

检查依据：

《建筑给水排水及采暖工程施工质量验收规范》（GB 50242—2002）及设-04 图

检查内容：

1. 地下一层污水泵型号为 50WQ15-15-1.5，固定方式采用自耦式安装。
2. 位置在地下一层 Ⓐ～Ⓕ轴/⑤～⑧ 轴，标高－4.40m，安装平整，牢固可靠。
3. 安装排水口与排水管连接牢靠，严密。
4. 污水泵金属外壳做可靠接地。

检查意见：

经检查：污水泵安装符合施工图设计及《建筑给水排水及采暖工程施工质量验收规范》（GB 50242—2002）的要求。

复查意见：

复查人：　　　　　　　　　　　　　　　　　　　　复查日期：

施工单位	北京××建设集团工程总承包部	
专业技术负责人	专业质检员	专业工长
刘××	王××	吕××

本表由施工单位填写。

148

施工检查记录（通用） 表 C5-19		资料编号	05-C5-19-×××
工程名称	北京××大厦	检查项目	污水泵配管安装
检查部位	A 座 1 段地下一层	检查日期	20××年××月××日

检查依据：

《建筑给水排水及采暖工程施工质量验收规范》（GB 50242—2002）及设-05 图

检查内容：

1. 地下一层污水泵配管采用热镀锌钢管，管径为 $DN50 \sim DN70$，采用丝扣连接，丝扣连接处防腐处理完好。

2. 管道距墙尺寸为 160mm，立管垂直度在 2mm/m 以内。

3. 软接头、止回阀、压力表、闸阀安装位置、高度符合施工图及规范要求，法兰连接方向正确。

4. 立管安装采用角钢卡子固定，型号为 L50×5，安装高度距地 1.8m。

5. 污水泵金属外壳做可靠接地。

检查意见：

　　经检查：污水泵配管安装符合施工图设计及《建筑给水排水及采暖工程施工质量验收规范》（GB 50242—2002）的要求。

复查意见：

复查人：　　　　　　　　　　　　　　　　复查日期：

施工单位	北京××建设集团工程总承包部	
专业技术负责人	专业质检员	专业工长
刘××	王××	吕××

本表由施工单位填写。

施工检查记录（通用） 表 C5-19			资料编号	05-C5-19-×××
工程名称	北京××大厦		检查项目	热水管道保温
检查部位	B座1段七至十二层		检查日期	20××年××月××日

检查依据：

《建筑给水排水及采暖工程施工质量验收规范》（GB 50242—2002）及设-11 图

检查内容：

1. 保温前丝扣接头处补刷丹油，水压试验已经验收合格。
2. 材料采用 30mm 厚橡塑海绵管壳外缠塑料布两道。
3. 保温严密、平整、厚度一致，塑料布收头应牢固。

检查意见：

经检查：保温条件完备，保温材料及做法符合施工图设计及《建筑给水排水及采暖工程施工质量验收规范》（GB 50242—2002）的要求。

复查意见：

复查人：   复查日期：

施工单位	北京××建设集团工程总承包部	
专业技术负责人	专业质检员	专业工长
刘××	王××	吕××

本表由施工单位填写。

施工检查记录（通用） 表 C5-19		资料编号	05-C5-19-×××
工程名称	北京××大厦	检查项目	散热器及支管安装
检查部位	B座1段一至三层	检查日期	20××年××月××日

检查依据：

《建筑给水排水及采暖工程施工质量验收规范》（GB 50242—2002）及设-09、设-13 图

检查内容：

1. 客房、卫生间散热器采用挂装，距地分别为 200mm、1600mm。

2. 散热器挂装平整牢固，两端距墙 25mm，平行一致。

3. 转换接头出地面 20mm，连接散热器均为镀锌钢管 DN15，丝扣连接。

4. 连接散热器支架坡度均匀，三通调节阀安装位置符合要求。

5. 支管长度超过 1500mm 时，均设置单管卡子固定。

6. 支管上下平行一致，无扭曲现象。

7. 管道丝扣连接处均刷防锈漆处理，均匀无脱皮现象。

检查意见：

经检查：采暖立支管的连接方式、位置、标高、管道支吊架安装等均符合施工图设计及《建筑给水排水及采暖工程施工质量验收规范》（GB 50242—2002）的要求。

复查意见：

复查人：　　　　　　　　　　　　　　　　　　　　复查日期：

施工单位	北京××建设集团工程总承包部	
专业技术负责人	专业质检员	专业工长
刘××	王××	吕××

本表由施工单位填写。

施工检查记录（通用） 表 C5-19		资料编号	05-C5-19-×××
工程名称	北京××大厦	检查项目	卫生器具及配件安装
检查部位	B座1段二层卫生间	检查日期	20××年××月××日

检查依据：

《建筑给水排水及采暖工程施工质量验收规范》（GB 50242—2002）及设防-05、设防-06 图

检查内容：

1. 卫生洁具环保检测报告齐全。

2. 卫生间有座便器、洗脸盆各1套。

3. 座便器下水口距墙420mm，采用铜角阀控制。

4. 洗脸盆安装高度为800mm，铜角阀安装高度为250mm。

5. 洗脸盆下水采用 ABS 存水弯，下水采用铸铁 S 形存水弯。

检查意见：

经检查：符合施工图设计及《建筑给水排水及采暖工程施工质量验收规范》（GB 50242—2002）的要求。

复查意见：

复查人：   复查日期：

施工单位	北京××建设集团工程总承包部	
专业技术负责人	专业质检员	专业工长
刘××	王××	吕××

本表由施工单位填写。

灌（满）水试验记录 表 C6-15		资料编号	05-C6-15-×××
工程名称	北京××大厦	试验日期	20××年××月××日
试验项目	室内给水系统	试验部位	地下二层人防生活水箱
材质	陶瓷	规格	1200mm×1000mm×1000mm

试验要求：

    地下二层人防水箱为开式水箱，灌满水静置24h，水箱无渗无漏，试验为合格。

试验记录：

    用盲板堵分别封堵水箱进水管口、出水管口、泄水管口、溢水管口。上午 08：00 从水箱顶检查口处往水箱内灌水，水满后静置24h，到第 2 天上午 08：00 再进行检查，水箱无渗漏现象，外形几何尺寸无变化，各管道与水箱的连接处无渗漏现象。

试验结论：

    经检查：水箱灌水试验符合施工图设计及《建筑给水排水及采暖工程施工质量验收规范》（GB 50242—2002）的要求，试验结论为合格。

签字栏	施工单位	北京××建设集团工程总承包部	专业技术负责人	专业质检员	专业工长
			刘××	王××	吕××
	监理（建设）单位	北京××监理有限责任公司		专业工程师	赵××

本表由施工单位填写。

灌（满）水试验记录 表 C6-15		资料编号	05-C6-15-××
工程名称	北京××大厦	试验日期	20××年××月××日
试验项目	室内排水系统	试验部位	A座1段十层污水立支管
材质	机制铸铁排水管	规格	DN50、DN100

试验要求：

　　封闭排水出口管，灌水高度以本层地面高度为标准，满水 15min，液面下降后再灌满，延续 5min，液面不下降，管道各连接处不渗不漏为合格。

试验记录：

　　第十层污水立支管灌水试验，用橡胶皮球封堵第九层立管检查口上部，灌水到本层地漏上边沿高度，满水后 15min 进行检查，液面下降为 5mm。然后再从地漏灌满水，5min 后检查，各液面均无下降，管道各连接处不渗不漏。

试验结论：

　　经检查：符合施工图设计及《建筑给水排水及采暖工程施工质量验收规范》（GB 50242—2002）的要求，试验结论为合格。

签字栏	施工单位	北京××建设集团工程 总承包部	专业技术 负责人	专业质检员	专业工长
			刘××	王××	吕××
	监理（建设） 单位	北京××监理有限责任公司		专业工程师	赵××

本表由施工单位填写。

灌（满）水试验记录 表 C6-15		资料编号	05-C6-15-×× ×
工程名称	北京××大厦	试验日期	20××年××月××日
试验项目	室内排水系统	试验部位	地下一层卫生器具
材质	陶瓷	规格	

试验要求：

封闭排水出口管，卫生器具灌满水 15min 后，再灌满，延续 5min，液面不下降，管道各连接处不渗不漏，为合格。

试验记录：

封闭排水出口管，卫生器具灌满水，满水时间由上午 9：00 开始至 9：15 为止。再灌满，延续时间由上午 9：20 开始至 9：25 为止，经检查液面不下降，管道各连接处不渗不漏。

试验结论：

经检查：符合施工图设计及《建筑给水排水及采暖工程施工质量验收规范》（GB 50242—2002）的要求，试验结论为合格。

签字栏	施工单位	北京××建设集团工程 总承包部	专业技术 负责人	专业质检员	专业工长
			刘××	王××	吕××
	监理（建设） 单位	北京××监理有限责任公司		专业工程师	赵××

本表由施工单位填写。

强度严密性试验记录 表 C6-16			资料编号	05-C6-16-×× ×
工程名称	北京××大厦		试验日期	20××年××月××日
试验项目	给水系统导管单项试压		试验部位	地下一层
材质	给水衬塑复合钢管		规格	*DN*25～*DN*50

试验要求：

　　给水导管采用给水衬塑复合钢管，系统工作压力为 0.3MPa，试验压力为 0.6MPa，在试验压力下稳压 10min，压力不下降，然后降至工作压力 0.3MPa 下检查，各连接处不渗不漏，试验为合格。

试验记录：

　　给水导管设在地下一层顶板下，用手动打压泵缓慢升压，压力表设在地下一层，量程为 1.6MPa。上午 08：20，系统压力升至试验压力 0.6MPa，稳压 10min，至 08：30，压力没有下降，然后降至工作压力 0.3MPa 下检查，各连接处不渗不漏。

试验结论：

　　经检查：试验结果符合施工图设计及《建筑给水排水及采暖工程施工质量验收规范》（GB 50242—2002）的要求，试验结论为合格。

签字栏	施工单位	北京××建设集团工程 总承包部	专业技术 负责人	专业质检员	专业工长
			刘××	王××	吕××
	监理（建设） 单位	北京××监理有限责任公司		专业工程师	赵××

本表由施工单位填写。

强度严密性试验记录 表 C6-16		资料编号	05-C6-16-××
工程名称	北京××大厦	试验日期	20××年××月××日
试验项目	(低区)给水系统综合试压	试验部位	A座1段低区给水系统
材质	给水衬塑复合钢管	规格	DN15~DN50

试验要求：

　　给水系统管道采用给水衬塑复合钢管，系统工作压力为 0.3MPa，试验压力为工作压力的 1.5 倍，且不小于 0.6MPa，所以试验压力为 0.6MPa，在试验压力下稳压 10min，压力下降不大于 0.02MPa，然后降至工作压力 0.3MPa 下检查，各连接处不渗不漏，试验为合格。

试验记录：

　　压力表设在地下一层，量程为 1.6MPa。下午 15：20，用手动打压泵缓慢升压，系统压力升至试验压力 0.6MPa，稳压 10min。下午 15：30，压力下降 0.01MPa，然后降至工作压力 0.3MPa 下检查，各连接处不渗不漏。

试验结论：

　　经检查：试验符合施工图设计及《建筑给水排水及采暖工程施工质量验收规范》(GB 50242—2002)的要求，试验结论为合格。

签字栏	施工单位	北京××建设集团工程 总承包部	专业技术 负责人	专业质检员	专业工长
			刘××	王××	吕××
	监理(建设) 单位	北京××监理有限责任公司		专业工程师	赵××

本表由施工单位填写。

强度严密性试验记录 表 C6-16		资料编号	05-C6-16-××
工程名称	北京××大厦	试验日期	20××年××月××日
试验项目	消火栓导管	试验部位	A座1段地下一层
材质	焊接钢管	规格	DN65、DN100

试验要求：

　　消防导管采用焊接钢管，工作压力为1.0MPa，试验压力为工作压力加0.4MPa为1.4MPa，稳压2h后，目测导管无泄漏和变形现象，且压力不下降。

试验记录：

　　将导管一端封堵，另一端引出至临时试压管，并安装试验压力表。下午14：00试验开始，用手动加压泵缓慢升压，系统压力升至试验压力1.4MPa，稳压2h，至下午16：00，试验压力没有下降，同时检查管道接口及各阀件连接处，无渗漏现象。

试验结论：

　　经检查：试验方式、过程及结果均符合施工图设计及《建筑给水排水及采暖工程施工质量验收规范》（GB 50242—2002）的要求，试验结论为合格。

签字栏	施工单位	北京××建设集团工程 总承包部	专业技术 负责人	专业质检员	专业工长
			刘××	王××	吕××
	监理（建设） 单位	北京××监理有限责任公司		专业工程师	赵××

本表由施工单位填写。

158

强度严密性试验记录 表 C6-16		资料编号	05-C6-16-×× ×
工程名称	北京××大厦	试验日期	20××年××月××日
试验项目	消火栓系统综合试压	试验部位	B座1段消火栓系统
材质	焊接钢管	规格	DN65～DN150

试验要求：

　　系统工作压力为1.0MPa，试验压力为工作压力加0.4MPa为1.4MPa，稳压2h，目测导管无泄漏和变形现象，且压力降不大于0.05MPa。

试验记录：

　　将各进户阀门关闭，封闭水泵结合器连接管，引出至临时试压管，并安装试验压力表。上午09：00开始试验，用手动加压泵缓慢升压，系统压力升至试验压力1.4MPa，稳压2h至11：00，压力下降为0.02MPa，同时检查管道接口及各阀件连接处无渗漏现象。

试验结论：

　　经检查：符合施工图设计及《建筑给水排水及采暖工程施工质量验收规范》（GB 50242—2002）的要求，试验结论为合格。

签 字 栏	施工单位	北京××建设集团工程 总承包部	专业技术 负责人	专业质检员	专业工长
			刘××	王××	吕××
	监理（建设） 单位	北京××监理有限责任公司		专业工程师	赵××

本表由施工单位填写。

强度严密性试验记录 表 C6-16		资料编号	05-C6-16-××××
工程名称	北京××大厦	试验日期	20××年××月××日
试验项目	热水系统综合试压	试验部位	A座1段地下二层～十层
材质	PP-R管	规格	D_e50～D_e15

试验要求：

　　热水系统管道采用PP-R管，系统工作压力为0.4MPa，试验压力为系统顶点的工作压力加0.1MPa为0.5MPa。在试验压力下稳压1h，压力下降不得超过0.05MPa，然后在工作压力的1.15倍（0.46MPa）状态下稳压2h，压力下降不得超过0.03MPa，同时检查各连接处不渗不漏为合格。

试验记录：

　　用手动打压泵，压力表设在地下二层，量程为1.6MPa，上午8∶30系统压力升至试验压力0.5MPa，至9∶30稳压1h，压力下降0.03MPa，9∶40将压力降为工作压力的1.15倍0.46MPa，至11∶40稳压2h，压力下降0.01MPa，同时检查管道各连接处不渗不漏。

试验结论：

　　经检查：符合施工图设计及《建筑给水排水及采暖工程施工质量验收规范》（GB 50242—2002）的要求，试验结论为合格。

签字栏	施工单位	北京××建设集团工程 总承包部	专业技术 负责人	专业质检员	专业工长
			刘××	王××	吕××
	监理（建设） 单位	北京××监理有限责任公司	专业工程师		赵××

本表由施工单位填写。

强度严密性试验记录 表 C6-16		资料编号	05-C6-16-××
工程名称	北京××大厦	试验日期	20××年××月××日
试验项目	散热器	试验部位	A座1段单项试压
材质	钢制散热器	规格	6B、8B、9B、11A、20A、14C

试验要求：

采暖系统工作压力为 0.6MPa，强度试验压力为工作压力的 1.5 倍，即 1.0MPa；强度试验时间 3min，试验压力在试验时间内应压力不降，且不渗不漏为合格。

试验记录：

采暖系统工作压力 0.6MPa，强度试验压力为 1.0MPa，散热器强度试验由上午 09：00 开始，试验 6 组，逐一试验。从散热器一端引入压力，升压至强度试验压力 1.0MPa，散热器稳压 3min，进行检查，试验压力不降，散热器各接口无渗漏，试验至 09：40 结束。

试验结论：

经检查：符合施工图设计及《建筑给水排水及采暖工程施工质量验收规范》（GB 50242—2002）的要求，试验结论为合格。

签字栏	施工单位	北京××建设集团工程 总承包部	专业技术 负责人	专业质检员	专业工长
			刘××	王××	吕××
	监理（建设） 单位	北京××监理有限责任公司		专业工程师	赵××

本表由施工单位填写。

强度严密性试验记录 表 C6-16		资料编号	05-C6-16-×××
工程名称	北京××大厦	试验日期	20××年××月××日
试验项目	采暖单项试压	试验部位	A座1段地下一层采暖导管
材质	焊接钢管	规格	DN150

试验要求：

　　地下一层采暖导管为焊接钢管。系统工作压力为 0.4MPa，试验压力为顶点工作压力加 0.1MPa 为 0.5MPa，稳压 10min，压力不下降，然后降至工作压力后检查，不渗不漏为合格。

试验记录：

　　采暖导管设在地下一层①～⑳轴/Ⓐ～Ⓚ轴顶板下，试验压力表设置在导管进户处，末端安装放气阀，用手动加压泵缓慢升压。上午 08：40，系统压力升至试验压力 0.5MPa，稳压 10min 至 08：50，系统压力没有下降，再将系统压力降至工作压力 0.4MPa，同时检查管道及各接口，无渗漏现象。

试验结论：

　　经检查：符合施工图设计及《建筑给水排水及采暖工程施工质量验收规范》（GB 50242—2002）的要求，试验结论为合格。

签字栏	施工单位	北京××建设集团工程 总承包部	专业技术 负责人	专业质检员	专业工长
			刘××	王××	吕××
	监理（建设） 单位	北京××监理有限责任公司		专业工程师	赵××

本表由施工单位填写。

强度严密性试验记录 表 C6-16		资料编号	05-C6-16-×× ×
工程名称	北京××大厦	试验日期	20××年××月××日
试验项目	采暖支管单向试压	试验部位	A座1段十层地埋管
材质	PB管	规格	D_e25、D_e20

试验要求：

　　户内采暖系统的支管采用 PB 管地埋安装。系统工作压力为 0.6MPa，设计要求试验压力为 0.8MPa，在试验压力下稳压 1h，压力不降，然后降至工作压力的 1.15 倍 0.69MPa，稳压 2h，各连接处不渗不漏为合格。

试验记录：

　　试验压力表设在本层支管上，用手动加压泵缓慢升压。下午 14：10，系统压力升至试验压力 0.8MPa，至 15：10 观察 1h，压力没有下降，15：20 将压力降为 0.69MPa，稳压 2h 至 17：20，压力没有下降，同时检查管道各连接处不渗不漏。

试验结论：

　　经检查：符合施工图设计及《建筑给水排水及采暖工程施工质量验收规范》（GB 50242—2002）的要求，试验结论为合格。

签 字 栏	施工单位	北京××建设集团工程 总承包部	专业技术 负责人	专业质检员	专业工长
			刘××	王××	吕××
	监理（建设） 单位	北京××监理有限责任公司	专业工程师		赵××

本表由施工单位填写。

强度严密性试验记录 表 C6-16		资料编号	05-C6-16×××
工程名称	北京××大厦	试验日期	20××年××月××日
试验项目	采暖综合试压	试验部位	A座1段低区采暖系统（一层～十层）
材质	焊接钢管、铝塑复合管	规格	DN25～DN125、D_e20

试验要求：

  本采暖系统为钢管、铝塑复合管混合系统。系统工作压力为 0.4MPa，试验压力为顶点工作压力加 0.2MPa 为 0.6MPa，稳压 10min，压力下降不大于 0.02MPa，然后降至工作压力后检查，不渗不漏为合格。

试验记录：

  试验压力表设置在采暖进户处，立管顶部安装放气阀。用手动加压泵对系统缓慢升压，上午 10：50，系统压力升至试验压力 0.6MPa，稳压 10min 至 11：00，系统压力下降 0.01MPa，再将系统压力降至工作压力 0.4MPa，同时检查管道及各接口，没有渗漏现象。

试验结论：

  经检查：符合施工图设计及《建筑给水排水及采暖工程施工质量验收规范》（GB 50242—2002）的要求，试验结论为合格。

签字栏	施工单位	北京××建设集团工程 总承包部	专业技术 负责人	专业质检员	专业工长
			刘××	王××	吕××
	监理（建设） 单位	北京××监理有限责任公司	专业工程师		赵××

本表由施工单位填写。

164

通水试验记录 表 C6-17		资料编号	05-C6-17-×××
工程名称	北京××大厦	试验日期	20××年××月××日
试验项目	室内给水系统	试验部位	A座1段一层～ 五层（低区）

试验系统简述及试验要求：

　　1～5层（低区）供水系统由市政自来水直接供给，由地下一层导管供各立管，每户设全铜截止阀1个。每层11个座便器、11个脸盆、7个淋浴水嘴甩口。

　　通水压力为0.3MPa，通水流量为50m³/h。

试验记录：

　　通水试验，下午13：30开始，与排水系统通水试验同时进行，开启全部分户截止阀，打开全部给水水嘴，供水流量正常，各配水点出水畅通，阀门启闭灵活，至下午17：00结束。

试验结论：

　　经检查：符合施工图设计及《建筑给水排水及采暖工程施工质量验收规范》（GB 50242—2002）的要求，试验结论为合格。

签 字 栏	施工单位	北京××建设集团工程 总承包部	专业技术 负责人	专业质检员	专业工长
			刘××	王××	吕××
	监理（建设） 单位	北京××监理有限责任公司		专业工程师	赵××

本表由施工单位填写。

通水试验记录 表 C6-17			资料编号	05-C6-17-××
工程名称	北京××大厦		试验日期	20××年××月××日
试验项目	室内排水系统		试验部位	B座1段一层～二十二层 污水管道

试验系统简述及试验要求：

　　每层8个卫生间。卫生间设有座便器、脸盆、淋浴，卫生间污水立管为 $DN150$；一层～二十二层为市政自来水直接供水。

　　通水压力为0.3MPa；通水流量为50m³/h。要求管道排水畅通无阻，各地漏、排水栓、脸盆排水无堵塞现象。

试验记录：

　　通水试验由上午08：00开始，按每个污水导管出户所对应的立管进行通水试验，然后分开卫生间从一层到二十二层同时往各排水口排水，检查各管道排水情况，均畅通无阻塞，能及时排到室外污水检查井，管道及各接口无渗漏现象，至上午11：30试验结束。

试验结论：

　　经检查：符合施工图设计及《建筑给水排水及采暖工程施工质量验收规范》（GB 50242—2002）的要求，试验结论为合格。

签 字 栏	施工单位	北京××建设集团工程 总承包部	专业技术 负责人	专业质检员	专业工长
			刘××	王××	吕××
	监理（建设） 单位	北京××监理有限责任公司		专业工程师	赵××

本表由施工单位填写。

通水试验记录 表 C6-17		资料编号	05-C6-17-××
工程名称	北京××大厦	试验日期	20××年××月××日
试验项目	室内热水系统	试验部位	B座1段一层～ 六层（低区）

试验系统简述及试验要求：

一层～六层低区供水系统由市政自来水直接供给，由地下二层导管供各立管，每户全设铜截止阀1个。每层设8个脸盆、7个淋浴水嘴甩口。

通水压力为 0.3MPa；通水流量为 50m³/h。要求管道出水畅通无阻，各阀门，水嘴开闭灵活。

试验记录：

通水试验由下午 15：30 开始，与排水系统通水试验同时进行，开启全部分户截止阀，打开全部给水水嘴，供水流量正常，各配水点出水畅通，阀门启闭灵活，至 17：00 结束。

试验结论：

经检查：符合施工图设计及《建筑给水排水及采暖工程施工质量验收规范》（GB 50242—2002）的要求，试验结论为合格。

签 字 栏	施工单位	北京××建设集团工程 总承包部	专业技术 负责人	专业质检员	专业工长
			刘××	王××	吕××
	监理（建设） 单位	北京××监理有限责任公司	专业工程师		赵××

本表由施工单位填写。

通水试验记录 表 C6-17		资料编号	05-C6-17-×××
工程名称	北京××大厦	试验日期	20××年××月××日
试验项目	室内排水系统	试验部位	B座1段首层～ 六层卫生器具

试验系统简述及试验要求：

每层卫生器具包括 6 个脸盆，4 个小便器，8 个蹲坑。

通水压力为 0.3MPa；通水流量为 20m³/h。要求管道排水畅通无阻，各地漏、脸盆无堵塞现象。

试验记录：

卫生器具通水试验，由上午9：00开始，先把脸盆放满水并观察溢流水排放情况，再打开排水器排水，同时打开小便器、蹲坑自闭阀排放。检查各连接管道排水均通畅无渗漏，各器具溢流口全部排水畅通，至10：20试验结束。

试验结论：

经检查：符合施工图设计及《建筑给水排水及采暖工程施工质量验收规范》（GB 50242—2002）的要求，试验结论为合格。

签 字 栏	施工单位	北京××建设集团工程 总承包部	专业技术 负责人	专业质检员	专业工长
			刘××	王××	吕××
	监理（建设） 单位	北京××监理有限责任公司	专业工程师		赵××

本表由施工单位填写。

168

冲（吹）洗试验记录 表 C6-18			资料编号	05-C6-18-××
工程名称	北京××大厦		试验日期	20××年××月××日
试验项目	给水系统		试验介质	自来水

试验要求：

　　管道在试压完成后即可做冲洗。冲洗以图样上提供的系统最大设计流量进行（如果图样没有，则以流速不小于 1.5m/s 进行，可以用秒表和水桶配合测量流速，计量 4 次取平均值），用自来水连续进行冲洗，直至各出水口水色透明度与进水目测一致为合格。冲洗合格后，办理验收手续。

试验记录：

　　管道进行冲洗，先从室外水表井接入临时冲洗管道和加压水泵，水泵扬程为 80m，关闭立管阀门，从导管末端（管径 DN50）立管泄水口接排水管道，引至室外污水井。上午 09：00，用加压泵往管道内加压进行冲洗，流速不小于 1.5m/s，从排放处观察水质情况，目测排水水质与供水水质一样，无杂质。然后拆掉临时排水管道，打开各立管阀门，所有水表位置用一短管代替，用加压泵往系统加压，分别打开各户给水阀门，从支管末端放水，直至无杂质，水色透明，至中午 12：10 冲洗结束。

试验结论：

　　经检查：符合施工图设计及《建筑给水排水及采暖工程施工质量验收规范》（GB 50242—2002）的要求。试验结论为合格。

签字栏	施工单位	北京××建设集团工程 总承包部	专业技术 负责人	专业质检员	专业工长
			刘××	王××	吕××
	监理（建设） 单位	北京××监理有限责任公司	专业工程师		赵××

本表由施工单位填写。

冲（吹）洗试验记录 表 C6-18		资料编号	05-C6-18-××
工程名称	北京××大厦	试验日期	20××年××月××日
试验项目	消火栓系统	试验介质	自来水

试验要求：

　　室内消火栓系统安装完成后应取屋顶层（或水箱间内）试验消火栓和首层取二处消火栓做试射试验，达到设计要求为合格。

　　消防系统冲洗，以管道进水口为起点，冲水压力为 0.3MPa，管道出水口为泄水点进行冲洗，直至泄水点水色透明度与进水目测一致，且无杂物为合格。

试验记录：

　　管道为 $DN65\sim DN150$ 进行冲洗，先从室外水表井接入临时冲洗管道和加压水泵，水泵扬程为 100m，关闭立管阀门，从导管末端（管径 $DN50$）立管泄水口接 $DN40$ 排水管道，引至室外污水井。上午 09：00 用加压泵往管道内加压进行冲洗，流速不小于 1.5m/s，从排放处观察水质情况，目测排水水质与供水水质一样，无杂质。然后拆掉临时排水管道，至中午 12：10 冲洗结束。

试验结论：

　　经检查：符合施工图设计及《建筑给水排水及采暖工程施工质量验收规范》（GB 50242—2002）的要求，试验结论为合格。

签字栏	施工单位	北京××建设集团工程 总承包部	专业技术 负责人	专业质检员	专业工长
			刘××	王××	吕××
	监理（建设） 单位	北京××监理有限责任公司		专业工程师	赵××

本表由施工单位填写。

冲（吹）洗试验记录 表 C6-18		资料编号	05-C6-18-×××
工程名称	北京××大厦	试验日期	20××年××月××日
试验项目	热水系统	试验介质	自来水

试验要求：

　　热水系统安装完成后应取屋顶层（或水箱间内）试验消火栓和首层取二处消火栓做试射试验，达到设计要求为合格。

　　热水系统冲洗，以热水管道供水口为起点，冲水压力为 0.3MPa，热水回水管为泄水点进行冲洗，直至泄水点水色透明度与进水目测一致，且无杂物为合格。

试验记录：

　　热水为供回水系统，管道为 DN40、DN70 进行冲洗，先从室外水表井接入临时冲洗管道和加压水泵，水泵扬程小于系统工作压力，关闭立管阀门，从导管末端（管径 DN50）立管泄水口接 DN40 排水管道，引至室外污水井，流速不低于 1.5m/s。上午 09：00，用加压泵往管道内加压进行冲洗，从排放处观察水质情况，目测排水水质与供水水质一样，无杂质。然后拆掉临时排水管道，打开各立管阀门，所有水表位置用一短管代替，用加压泵往系统加压，分别打开各户给水阀门，从支管末端放水，直至无杂质，水色透明，至中午 12：10 冲洗结束。

试验结论：

　　经检查：符合施工图设计及《建筑给水排水及采暖工程施工质量验收规范》（GB 50242—2002）的要求，试验结论为合格。

签字栏	施工单位	北京××建设集团工程 总承包部	专业技术 负责人	专业质检员	专业工长
			刘××	王××	吕××
	监理（建设） 单位	北京××监理有限责任公司	专业工程师		赵××

本表由施工单位填写。

冲（吹）洗试验记录 表 C6-18		资料编号	05-C6-18-×××
工程名称	北京××大厦	试验日期	20××年××月××日
试验项目	采暖系统	试验介质	自来水

试验要求：

　　采暖系统冲洗，以供水管道供水口为起点，冲水压力为 0.3MPa，供水回水管为泄水点进行冲洗，直至泄水点水色透明度与进水目测一致，且无杂物为合格。

试验记录：

　　采暖系统为上供下回系统，管道为 $DN15\sim DN100$ 进行冲洗，接入临时冲洗管道和加压水泵。先进行供水导管和供水主立管的冲洗，然后按照供暖的热水循环水流方向进行系统的冲洗。水流速度不低于 1.5m/s。用加压泵往管道内加压进行冲洗，从回水导管排放处观察水质情况，目测排水水质与供水水质一样，无杂质，冲洗结束。

试验结论：

　　经检查：冲洗试验符合施工图设计及《建筑给水排水及采暖工程施工质量验收规范》（GB 50242—2002）的要求，试验结论为合格。

签字栏	施工单位	北京××建设集团工程 总承包部	专业技术 负责人	专业质检员	专业工长
			刘××	王××	吕××
	监理（建设） 单位	北京××监理有限责任公司		专业工程师	赵××

本表由施工单位填写。

172

通球试验记录 表 C6-19		资料编号	05-C6-19-×××
工程名称	北京××大厦	试验日期	20××年××月××日
试验项目	室内排水系统	管道材质	DN150

试验要求：

从导管起始检查口把管径不小于 2/3 管内径球径的塑料球放入管内，向系统内灌水，将球从室外检查井内排出，为合格。

试验部位	管段编号	通球管道管径（mm）	通球球径（mm）	通球情况
①～③轴/Ⓐ轴	1#	DN150	≥2/3φ	通球率为100％
④～⑥轴/Ⓓ轴	2#	DN150	≥2/3φ	通球率为100％
⑦～⑨轴/Ⓔ轴	3#	DN150	≥2/3φ	通球率为100％
⑩～⑫轴/Ⓗ轴	4#	DN150	≥2/3φ	通球率为100％
⑭～⑯轴/Ⓙ轴	5#	DN150	≥2/3φ	通球率为100％
⑱～⑳轴/Ⓜ轴	6#	DN150	≥2/3φ	通球率为100％

试验结论：

将塑料球放入 4/P 排水导管起始端的立管一层检查口，同时从一层立管检查口灌水冲洗，用隔栅网封住检查井排水导管的出口，接到球后放入第二个，试验重复三次，均畅通无阻。

符合施工图设计及《建筑给水排水及采暖工程施工质量验收规范》（GB 50242—2002）的要求，试验结论为合格。

签字栏	施工单位	北京××建设集团工程 总承包部	专业技术 负责人	专业质检员	专业工长
			刘××	王××	吕××
	监理（建设） 单位	北京××监理有限责任公司		专业工程师	赵××

本表由施工单位填写。

173

补偿器安装记录 表 C6-20		资料编号	05-C6-20-×××
工程名称	北京××大厦	试验日期	20××年××月××日
设计压力（MPa）	1.6	安装部位	A座1段一层热水立管
规格型号	0.6RFS150×16 0.6RFS100×20	补偿器材质	不锈钢
固定支架间距（m）	30	管内介质温度（℃）	60℃水

补偿器安装记录及说明：

  补偿器的安装及预拉值示意图和说明如下图所示均由厂家完成。

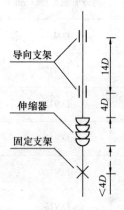

结论：

  补偿器安装符合施工图设计及《建筑给水排水及采暖工程施工质量验收规范》（GB 50242—2002）的要求，安装合格。

签字栏	施工单位	北京××建设集团工程 总承包部	专业技术 负责人	专业质检员	专业工长
			刘××	王××	吕××
	监理（建设） 单位	北京××监理有限责任公司		专业工程师	赵××

本表由施工单位填写。

补偿器安装记录 表 C6-20		资料编号	05-C6-20-×××
工程名称	北京××大厦	试验日期	20××年××月××日
设计压力（MPa）	1.6	安装部位	A座1段九层采暖主立管
规格型号	0.6RFS150×16 0.6RFS100×20	补偿器材质	不锈钢
固定支架间距（m）	30	管内介质温度（℃）	60℃、水

补偿器安装记录及说明：

补偿器的安装及预拉值示意图和说明如下图所示，均由厂家完成。

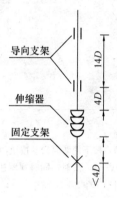

结论：

经检查：补偿器的安装位置、导向支架、固定支架的位置等均符合施工图设计及《建筑给水排水及采暖工程施工质量验收规范》（GB 50242—2002）的要求，安装合格。

签字栏	施工单位	北京××建设集团工程 总承包部	专业技术 负责人	专业质检员	专业工长
			刘××	王××	吕××
	监理（建设） 单位	北京××监理有限责任公司	专业工程师		赵××

本表由施工单位填写。

消火栓试射记录 表 C6-21			资料编号	05-C6-21-×× ×
工程名称	北京××大厦		试验日期	20××年××月××日
试射消火栓位置	A 座顶层消火栓		启泵按钮	☑ 合格 □不合格
消火栓组件	☑ 合格 □不合格		栓口安装	☑ 合格 □不合格
消火栓水枪型号	☑ 合格 □不合格		卷盘间距、组件	☑ 合格 □不合格
栓口静压（MPa）	0.20		栓口动压（MPa）	0.35

试验要求：

取屋顶消火栓进行试射试验，观察压力表读数不应大于 0.5MPa，射出的密集水柱长度不应小于 10m，屋顶消火栓静压不小于 0.07MPa。

试验记录：

试验从下午 2：00 开始，打开屋顶消火栓箱，按下消防泵启动按钮，取下消防水龙带迅速接好栓口和水枪，打开消火栓阀门，拉到平屋顶上水平向上倾角 30°～45°试射，同时观察压力表读数为 0.35MPa，射出的密集水柱约 20m。检查屋顶消火栓静压为 0.20MPa。试射至下午 2：30 结束。

试验结论：

经检查：屋顶消火栓试射符合施工图设计及《建筑给水排水及采暖工程施工质量验收规范》（GB 50242—2002）的要求，试验结论为合格。

签字栏	施工单位	北京××建设集团工程 总承包部	专业技术 负责人	专业质检员	专业工长
			刘××	王××	吕××
	监理（建设） 单位	北京××监理有限责任公司	专业工程师		赵××

本表由施工单位填写。

176

消火栓试射记录 表 C6-21			资料编号	05-C6-21-×××
工程名称	北京××大厦		试验日期	20××年××月××日
试射消火栓位置	B座首层消火栓		启泵按钮	☑ 合格 □ 不合格
消火栓组件	☑ 合格 □ 不合格		栓口安装	☑ 合格 □ 不合格
消火栓水枪型号	☑ 合格 □ 不合格		卷盘间距、组件	☑ 合格 □ 不合格
栓口静压（MPa）	0.65		栓口动压（MPa）	0.40

试验要求：

首层同时取两处消火栓进行试射试验，观察压力表读数不应大于 0.5MPa，射出的密集水柱不散花，应同时到达最远点，首层的消火栓静压不大于 0.8MPa。

试验记录：

试验从下午 14：45 开始，15：15 结束。打开首层两处消火栓箱，按下其中一个消防泵启动按钮，取下消防水龙带迅速接好栓口和水枪，水平向上倾角 30°～45°试射，同时观察两个消火栓出口压力均为 0.4MPa，两股水柱密集，没有散花，水柱达到的最远点一样。检查首层消火栓静压均为 0.65MPa。

试验结论：

经检查，首层两处消火栓试射符合施工图设计及《建筑给水排水及采暖工程施工质量验收规范》（GB 50242—2002）的要求。试验结论为合格。

签字栏	施工单位	北京××建设集团工程 总承包部	专业技术 负责人	专业质检员	专业工长
			刘××	王××	吕××
	监理（建设） 单位	北京××监理有限责任公司		专业工程师	赵××

本表由施工单位填写。

自动喷水灭火系统质量验收缺陷项目判定记录 表 C6-22				资料编号	05-C6-22-×× ×
工程名称	北京××大厦			建设单位	北京××房地产开发公司
施工单位	北京××建设集团工程总承包部			监理单位	北京××监理有限责任公司

缺陷分类	严重缺陷（A）	缺陷款数	重缺陷（B）	缺陷款数	轻缺陷（C）	缺陷款数
包含条款	—	—	—	—	GB 50166—2007 第 8.0.3 条第 1～5 款	0
	GB 50166—2007 第 8.0.4 条第 1、2 款	0	—	—	—	—
	—	—	GB 50166—2007 第 8.0.5 条第 1～3 款	0	—	—
	GB 50166—2007 第 8.0.6 条第 4 款	0	GB 50166—2007 第 8.0.6 条第 1、2、3、5、6 款	0	GB 50166—2007 第 8.0.6 条第 7 款	0
	—	—	GB 50166—2007 第 8.0.7 条第 1、2、3、4、6 款	0	GB 50166—2007 第 8.0.7 条第 5 款	1
	GB 50166—2007 第 8.0.8 条第 1 款	0	GB 50166—2007 第 8.0.8 条第 4、5 款	0	GB 50166—2007 第 8.0.8 条第 2、3、6、7 款	1
	GB 50166—2007 第 8.0.9 条第 1 款	0	GB 50166—2007 第 8.0.9 条第 2 款	0	GB 50166—2007 第 8.0.9 条第 3～5 款	0
	—	—	GB 50166—2007 第 8.0.10 条	0	—	—
	GB 50166—2007 第 8.0.11 条	0	—	—	—	—
	GB 50166—2007 第 8.0.12 条第 3、4 款	0	GB 50166—2007 第 8.0.12 条第 5～7 款	0	GB 50166—2007 第 8.0.4 条第 1、2 款	0
	严重缺陷（A）合计	0	重缺陷（B）合计	0	轻缺陷（C）合计	2
合格判定条件	A	0	B	≤2	B+C	≤6
缺陷判定记录	A	0	B	0	B+C	2
判定结论	北京×××大厦自动喷水灭火系统质量验收符合《火灾自动报警系统施工及验收规范》（GB 50166—2007），验收合格。					
参加单位	建设单位项目负责人： （签章） 程×× 20××年××月××日		监理单位项目负责人： （签章） 齐×× 20××年××月××日		施工单位项目负责人： （签章） 李×× 20××年××月××日	

本表由施工单位填写。

设备单机试运转记录 表 C6-91		资料编号	05-C6-91-×××
工程名称	北京××大厦	试运转时间	20××年××月××日
设备名称	变频泵	设备编号	2#
规格型号	65DL×7	额定数据	30m³/h，108m
生产厂家	青岛××泵业有限责任公司	设备所在系统	给水系统

试验要求：

设备的调试须在设备安装完毕，经过通电试验，空载试验（变频、工频），调整每台电机的旋转方向（工频、变频）以后，确认一切正常后方能进行，试验按下列步骤进行：

1. 正确接通电源；
2. 手动方式电动机试转，调整相序至电动机转向正确；
3. 根据需要，通过控制器面板键盘设定压力给定值及参数；
4. 调好交流变频器及自动启停系统；
5. 上述工作完成后，接通电源，进行联机调试。

序号	试验项目	试验记录	试验结论
1	叶轮旋转方向	与箭头所指方向一致	合格
2	运转过程中有无异常噪声	无异常噪声	合格
3	额定工况下运转时间	连续运转 2h 无异常	合格
4	轴承温度	68℃	合格

试运转结论：

水泵运转正常、平稳，叶轮旋转方向、轴承温升等均符合施工图设计及《建筑给水排水及采暖工程施工质量验收规范》（GB 50242—2002）的要求，试运转结论为合格。

签字栏	施工单位	北京××建设集团工程 总承包部	专业技术 负责人	专业质检员	专业工长
			刘××	王××	吕××
	监理（建设） 单位	北京××监理有限责任公司		专业工程师	赵××

本表由施工单位填写。

设备单机试运转记录 表C6-91		资料编号	05-C6-91-××
工程名称	北京××大厦	试运转时间	20××年××月××日
设备名称	消防泵	设备编号	7#
规格型号	XBD6.1/25-100DL20	额定数据	30L/s，15m
生产厂家	青岛××泵业有限责任公司	设备所在系统	消火栓系统

试验要求：

　　设备单机试运转试验时，要测定电动机的启动电流，空载和负载电流，并做好记录，电动机运行时要随时检查电动机的温度和响声是否正常，发现不正常立即停车检查。

序号	试验项目	试验记录	试验结论
1	叶轮旋转方向	与箭头所指方向一致	合格
2	运转过程中有无异常噪声	无异常噪声	合格
3	额定工况下运转时间	连续运转2h无异常	合格
4	轴承温度	68℃	合格

试运转结论：

　　水泵运转正常、平稳，叶轮旋转方向正确，轴承温升等均符合施工图设计及《建筑给水排水及采暖工程施工质量验收规范》（GB 50242—2002）的要求，试运转结论为合格。

签字栏	施工单位	北京××建设集团工程总承包部	专业技术负责人	专业质检员	专业工长
			刘××	王××	吕××
	监理（建设）单位	北京××监理有限责任公司	专业工程师		赵××

本表由施工单位填写。

180

系统试运转调试记录 表 C6-92		资料编号	05-C6-92-××
工程名称	北京××大厦	试运转调试时间	20××年××月××日
试运转 调试项目	生活用水给水系统	试运转 调试部位	B座地下一层泵房

试运转、调试内容：

水泵试运转时注意水泵轴承温度温升应符合下列规定：

1. 滑动轴承温度最高不得超过 60℃；2. 滚动轴承温度最高不得超过 80℃。

检验方法：用温度计检查。

轴承径向单振幅应符合下列规定：

2. 电动机转速小于 100r/min 时，不应超过 0.10mm；2. 电动机转速为 1000～1450r/min 时，不应超过 0.08mm。

检验方法：用测振仪表检查。

试运转、调试结论：

水泵第一次启动立即停止运转，检查叶轮与泵壳有无摩擦声和其他不正常现象。水泵运转时，流动轴外外壳的最高温度低于 75℃；滑动轴承低于 70℃。水泵运转时的径向振动符合设备技术文件的规定。

经检验，符合《建筑电气工程施工质量验收规范》（GB 50303—2002）、《建筑给水排水及采暖工程施工质量验收规范》（GB 50242—2002）标准及施工图设计要求。

签 字 栏	建设单位	监理单位	施工单位
	程××	赵××	刘××

本表由施工单位填写。

系统试运转调试记录 表 C6-92		资料编号	05-C6-92-××××
工程名称	北京××大厦	试运转调试 时间	20××年××月××日
试运转调试 项目	采暖系统调试	试运转调试 部位	A座1段一层～ 十层低区系统

试运转、调试内容：

　　系统所有的阀门、自动放风阀等附件全部安装完毕，压力试验、冲洗试验均已合格。

　　关闭总供水阀门，开启总回水阀门，使水充满系统的立支管后开启总供水阀门，关闭循环管阀门，使系统正常循环运行。

　　正常供暖30min后检查系统，没有发现管道不热的现象。供暖24h后，采暖入户的供、回水参数符合施工图设计要求。住户逐屋进行室温测量，遇到温度不符合设计要求的调节温控阀，重新测量室内温度，直至所有室内温度均符合设计要求，偏差在+2℃～−1℃范围之间。

试运转、调试结论：

　　经检查：系统调试符符合施工图设计及《建筑给水排水及采暖工程施工质量验收规范》（GB 50242—2002）的要求，试运转、调试结论为合格。

签 字 栏	建设单位	监理单位	施工单位
	程××	赵××	刘××

本表由施工单位填写。

第五章
通风与空调工程

<table>
<tr><td colspan="3" align="center">隐蔽工程检查记录
表 C5-1</td><td align="center">资料编号</td><td align="center">08-C5-1-×××</td></tr>
<tr><td align="center">工程名称</td><td colspan="4" align="center">北京××大厦</td></tr>
<tr><td align="center">隐检项目</td><td colspan="2" align="center">空调水导管安装</td><td align="center">隐检日期</td><td align="center">20××年××月××日</td></tr>
<tr><td align="center">隐检部位</td><td colspan="4" align="center">一层 ①～㉟轴/Ⓐ～Ⓖ轴线，21m 标高</td></tr>
</table>

隐检依据：施工图图号____空施-3____，设计变更/洽商（编号___/___）及有关国家现行标准等。
主要材料名称及规格/型号：____镀锌钢管 $DN20\sim DN40$____

隐检内容：
1. 空调水导管采用镀锌钢管，规格 $DN20\sim DN40$ 均为丝扣连接，明露丝接部分刷防锈漆。
2. 管道标高为 2.55m，安装位置见空施-3。
3. 管道支吊架采用角钢 L30×3，吊杆为 $\Phi10$，采用 $\Phi8$ 膨胀螺栓固定在楼板下，支吊架间距为 4m。
4. 管道穿墙体设置钢制套管大两号，并与墙体饰面齐平，套管内使用不燃绝热材料填塞紧密。
5. 阀门安装位置、高度、进出口方向符合要求，连接牢固紧密。
6. 冷凝水排水管坡度为 8‰，坡向合理。
7. 压试验结果合格。

影像资料的部位、数量：
影像资料的部位处于地下一层，①～③轴/Ⓗ轴、①～⑮轴/S轴，−1.90m 标高；数量为一份。（照片略）

申报人：高××

检查意见：
经检查：符合施工图设计及《通风与空调工程施工质量验收规范》（GB 50243—2002）的要求。

检查结论：☑ 同意隐蔽　　□不同意，修改后进行复查

复查结论：

复查人：　　　　　　　　　　　　　　　　　　　　　　　复查日期：

<table>
<tr><td rowspan="3" align="center">签字栏</td><td align="center">施工单位</td><td rowspan="2" align="center">北京××建设集团
工程总承包部</td><td align="center">专业技术
负责人</td><td align="center">专业质检员</td><td align="center">专业工长</td></tr>
<tr><td></td><td align="center">高××</td><td align="center">常××</td><td align="center">马××</td></tr>
<tr><td align="center">监理（建设）
单位</td><td colspan="2" align="center">北京××监理有限责任公司</td><td align="center">专业工程师</td><td align="center">何××</td></tr>
</table>

本表由施工单位填写，并附影像资料。

交接检查记录 表 C5-2		资料编号	08-C5-2-×××
工程名称	北京××大厦		
移交单位名称	北京××建设集团 工程总承包部	接受单位名称	北京××机电 安装有限公司
交接部位	SINRO CEF-175 不锈钢 冷却塔调试前的检查	检查日期	20××年××月××日

交接内容：

　SINRO CEF-175 不锈钢冷却塔安装完毕，大连××空调设备集团有限公司进行设备调试前的安装质量检查。

见证单位意见：

　经移交单位、接收单位和见证单位三方共同检查，冷却塔整体安装符合施工图设计及《通风与空调工程施工质量验收规范》（GB 50243—2002）的要求，双方同意正式办理移交。待与机房内冷却机组循环水系统接通后，由大连××空调设备集团有限公司负责调试。

检查结果：

　1. 两台冷却塔的规格型号符合施工图设计要求；

　2. 两台冷却塔的安装位置、标高符合施工图设计要求；

　3. 安装后冷却塔，其水平度、垂直度检验符合产品技术说明书规定；

　4. 仪表安装质量符合产品技术说明书规定；

　5. 单机试运行平稳，无卡阻及异常声音，电动机运行温升正常；

复查意见：

复查人：　　　　　　　　　　　　　　　　　　　　　　　　　复查日期：

签字栏	移交单位	接收单位
	李××	吴××

本表由移交单位填写。

灌（满）水试验记录 表 C6-15		资料编号	08-C6-15-××
工程名称	北京××大厦	试验日期	20××年××月××日
试验项目	空调冷凝水灌水试验	试验部位	A座1段首层
材　质	热镀锌钢管	规　格	DN25～DN120

试验要求：

　　首层空调水系统凝结水管道做灌水试验，在凝结水水平管道末端封堵。自系统最末端风机盘管托水盘处灌水，满水 15min，在灌满水延续 5min，托水盘内液面不下降，管道无渗漏为合格。

试验记录：

　　由上午 08：50 开始，从接水盘及冷凝水管灌水，至 08：55 灌满，观察 15min 至 09：10，水面下降，再灌满水观察 5min 至 09：15，水面不下降，同时检查管道及各接口处无渗漏现象。

试验结论：

　　经检查：空调冷凝水灌水试验符合施工图设计及《通风与空调工程施工质量验收规范》（GB 50243—2002）的要求，试验结论为合格。

签字栏	施工单位	北京××建设集团 工程总承包部	专业技术 负责人	专业质检员	专业工长
			高××	常××	马××
	监理（建设） 单位	北京××监理有限责任公司	专业工程师		何××

本表由施工单位填写。

强度严密性试验记录 表 C6-16		资料编号	08-C6-16-×××
工程名称	北京××大厦	试验日期	20××年××月××日
试验项目	空调水系统	试验部位	分路铜阀门
材　质	碳　钢	规　格	DN20、DN25

试验要求：

　　系统工作压力为1.0MPa，非金属密封，强度试验为工作压力的1.5倍即1.5MPa。严密性试验压力为工作压力的1.1倍即1.1MPa，强度试验持续时间不少于5min，严密性试验持续时间为15s，试验压力在试验时间内应保持不变，且壳体填料及阀瓣密封面无渗漏

试验记录：

　　试验从上午9：00开始，DN25铜阀门共10只、DN20铜阀门共16只、逐一试验。先将阀板紧闭，从阀的一端引入压力升压至严密度试验1.1MPa，试验时间为15s；在另一端引入压力，反方向的一端检查其严密性，压力也无变化，无渗漏现象。封堵一端口，全部打开闸板，从另一端引入压力，升压至试验压力1.5MPa进行观察，壳体填料及阀瓣密封面无渗漏和无压降现象。试验至中午11：30结束。

试验结论：

　　经检查：阀门强度及严密性试验符合施工图设计及《通风与空调工程施工质量验收规范》（GB 50243—2002）的要求，试验结论为合格。

签字栏	施工单位	北京××建设集团 工程总承包部	专业技术 负责人	专业质检员	专业工长
			高××	常××	马××
	监理（建设） 单位	北京××监理有限责任公司	专业工程师		何××

本表由施工单位填写。

188

强度严密性试验记录 表 C6-16		资料编号	08-C6-16-×× ×
工程名称	北京××大厦	试验日期	20××年××月××日
试验项目	空调水系统综合试压	试验部位	A座1段一层～二十二层
材　　质	镀锌钢管	规　　格	$DN20～DN100$

试验要求：

　　系统工作压力为 0.7MPa，试验压力应不小于工作压力的 1.5 倍。在试验压力下稳压 10min，压力下降不得大于 0.02MPa，再将系统压力降至工作压力的 0.8 倍，外观检查无渗漏为合格。

试验记录：

　　试验压力表设置在首层，第 22 层导管设置排气阀，管道充满水后，上午 9：30 开始缓慢加压，至 9：45 表压升至 0.4MPa 时，发现第 5 层有一处阀门渗漏，泄压后更换阀门，待管道重新补满水后进行加压，10：20 升至试验压力 1.05 MPa，观察 10min 至 10：30，表压降为 1.04MPa（压降 0.01MPa），再将压力降为 0.7MPa，持续检查至 10：45，管道及各连接处不渗不漏。

试验结论：

　　经检查：空调水系统综合试验符合设计及 GB 50243—2002《通风与空调工程施工质量验收规范》要求，试验结论为合格。

签字栏	施工单位	北京××建设集团 工程总承包部	专业技术 负责人	专业质检员	专业工长
			高××	常××	马××
	监理（建设） 单位	北京××监理有限责任公司	专业工程师		何××

本表由施工单位填写。

施工检查记录（通用） 表 C5-19		资料编号	08-C5-19-×××
工程名称	北京××大厦	检查项目	通风管道制作
检查部位	B座1段地下一层	检查日期	20××年××月××日

检查依据：

《通风与空调工程施工质量验收规范》（GB 50243—2002）及设02施工图

检查内容：

1. 使用材料为镀锌钢板厚度δ＝0.75mm，角钢使用L30×3、L25×3，制作的规格尺寸符合设计要求。

2. 角钢法兰与风管连接采用镀锌铆钉铆接，扳边平整，扳边量大于6mm。

3. 制作的通风管道采用按扣式咬口，咬口严密、平整，无孔洞及胀裂等缺陷。法兰铆接牢固，平整；管道咬口平整无断裂，弯头圆弧均匀，咬口平整，符合施工规范要求。

4. 管道2m一节，管道中间使用L25×3角钢框加固，加固框与风管铆接牢固，间隔均匀。

5. 管道已经采用100W的低压灯进行了漏光测试。

检查意见：

经检查：符合施工图设计及《通风与空调工程施工质量验收规范》（GB 50243—2002）的要求。

复查意见：

复查人：   复查日期：

施工单位	北京××建设集团工程总承包部	
专业技术负责人	专业质检员	专业工长
高××	常××	马××

本表由施工单位填写。

施工检查记录（通用）表 C5-19		资料编号	08-C5-19-××
工程名称	北京××大厦	检查项目	通风系统墙体孔洞预留
检查部位	B座1段地下二层	检查日期	20××年××月××日

检查依据：

《通风与空调工程施工质量验收规范》（GB 50243—2002）及防设-02、防设-03、防设-04 施工图

检查内容：

1. 墙体预留孔洞采用木套箱，土建合模前进行预留、定位。
2. 预留木套箱尺寸 350mm×200mm×200mm 共 3 个，300mm×200mm×200mm 共 2 个，400mm×200mm×200mm 共 4 个。
3. 预埋设位置在地下二层⑮～⑳轴/①～①轴。
4. 孔洞标高为－5.5m。
5. 洞体方整，无歪斜，与墙体钢筋网绑扎牢固。

检查意见：

符合施工图设计及《通风与空调工程施工质量验收规范》（GB 50243—2002）的要求。

复查意见：

复查人： 复查日期：

施工单位	北京××建设集团工程总承包部	
专业技术负责人	专业质检员	专业工长
高××	常××	马××

本表由施工单位填写。

施工检查记录（通用）表 C5-19		资料编号	08-C5-19-×××
工程名称	北京××大厦	检查项目	通风管道安装
检查部位	B座1段地下一层	检查日期	20××年××月××日

检查依据：

《通风与空调工程施工质量验收规范》（GB 50243—2002）及设-03 施工图

检查内容：

1. 管道采用法兰连接，中间垫料使用 8501 阻燃胶条密封或石棉橡胶板封闭。

2. 管支吊架采用圆钢，用 ϕ10 膨胀螺栓固定在楼板下。风管尺寸 700mm×400mm 吊架，间距 2.5m。风管尺寸 1000mm×400mm，吊架间距 2.5m。

3. 防火阀安装位置距墙表面 200mm，便于操作。

4. 风管顶标高距楼板 350mm。

5. 风管安装平整，螺栓的穿入方向一致，拧紧后的法兰垫料厚度均匀一致，且不超过 2mm。

6. 风管已经采用 100W 低压灯进行了漏光测试。

检查意见：

符合施工图设计及《通风与空调工程施工质量验收规范》（GB 50243—2002）的要求。

复查意见：

复查人：   复查日期：

施工单位	北京××建设集团工程总承包部	
专业技术负责人	专业质检员	专业工长
高××	常××	马××

本表由施工单位填写。

施工检查记录（通用） 表 C5-19		资料编号	08-C5-19-×× ×
工程名称	北京××大厦	检查项目	通风机安装
检查部位	B座1段地下二层	检查日期	20××年××月××日

检查依据：施工图纸（施工图纸号_____防设-02、防设-03_____）、设计变更/洽商（编号___/___）和有关规范、规程。

检查内容：

1. 风机型号、风机基础、消声、防振装置符合施工图设计要求。

2. 安装位置正确、平正，转动灵活。

3. 风机叶轮回转平衡与机壳无摩擦，叶轮转动时其端部与吸气短管的间隙均匀。

4. 叶轮的旋转方向与所示箭头方向一致。

5. 用水平仪检查风机的轮轴，测量轴的水平度误差不大于 1mm/m。

6. 找平找正后将斜垫铁点焊固定。

7. 机壳调整好后，拧紧地脚螺栓并有防松装置。

8. 风机的金属外壳做可靠接地，连接牢固。

检查意见：

经检查：符合施工图设计及《通风与空调工程施工质量验收规范》（GB 50243—2002）的要求。

复查意见：

复查人：　　　　　　　　　　　　　　　　　　　　　　复查日期：

施工单位	北京××建设集团工程总承包部		
专业技术负责人	专业质检员		专业工长
高××	常××		马××

本表由施工单位填写。

风管漏光检测记录 表 C6-81			资料编号	08-C6-81-×× ×
工程名称	北京××大厦		试验日期	20××年××月××日
系统名称	排风系统		工作压力（Pa）	326
系统接缝 总长度（m）	15		每10m接缝为一 检测段的分段数	2
检测光源	100W 低压电源照明			

分段序号	实测漏光点数（个）	每 10m 接缝的允许漏光 点数（个/10m）	结　论
1	1	2	合格
2	0	2	合格

合　　计	总漏光点数（个）	每 10m 接缝的允许漏光 点数（个/100m）	结　论
	1	16	合格

检测结论：

　　使用 100W 低压电源照明，在安装通风管道时深入管内。在管外黑暗环境下观察风管的咬口及法兰连接处，发现的漏光点数少于规范要求，检测结论为合格。

签 字 栏	施工单位	北京××建设集团 工程总承包部	专业技术 负责人	专业质检员	专业工长
			高××	常××	马××
	监理（建设） 单位	北京××监理有限责任公司	专业工程师		何××

本表由施工单位填写。

194

风管漏光检测记录 表 C6-81			资料编号	08-C6-81-×××
工程名称	北京××大厦		试验日期	20××年××月××日
系统名称	送风系统		工作压力（Pa）	500
系统接缝总长度（m）	75		每10m接缝为一检测段的分段数	8
检测光源	100W 低压电源照明			
分段序号	实测漏光点数（个）	每10m接缝的允许漏光点数（个/10m）		结 论
1	1	2		合格
2	0	2		合格
3	1	2		合格
4	0	2		合格
5	0	2		合格
6	1	2		合格
7	1	2		合格
8	0	2		合格
合　计	总漏光点数（个）	每10m接缝的允许漏光点数（个/100m）		结 论
	4	16		合 格

检测结论：
　　使用100W低压电源照明，在安装通风管道时深入管内。在管外黑暗环境下观察风管的咬口及法兰连接处，发现的漏光点数少于规范要求，检测结论为合格。

签字栏	施工单位	北京××建设集团工程总承包部	专业技术负责人	专业质检员	专业工长
			高××	常××	马××
	监理（建设）单位	北京××监理有限责任公司	专业工程师		何××

本表由施工单位填写。

风管漏风检测记录 表 C6-82		资料编号	08-C6-82-××××
工程名称	北京××大厦	试验日期	20××年××月××日
系统名称	X-5 新风系统	工作压力（Pa）	500
系统总面积 （m²）	186	试验压力 （Pa）	800
试验总面积 （m²）	164	系统检测 分段数	2 段

检测区段图示：

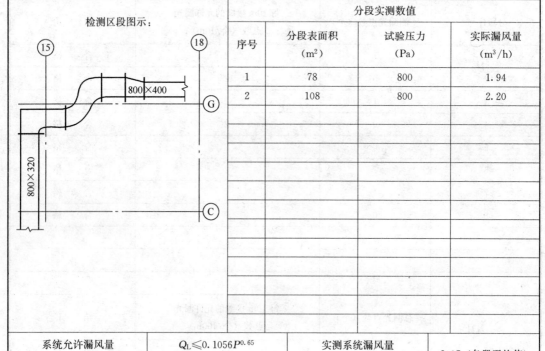

分段实测数值			
序号	分段表面积 （m²）	试验压力 （Pa）	实际漏风量 （m³/h）
1	78	800	1.94
2	108	800	2.20

系统允许漏风量 [m³/（m²·h）]	$Q_L \leqslant 0.1056 P^{0.65}$ 5.99	实测系统漏风量 [m³/（m²·h）]	2.07（各段平均值）

检测结论：

各段用漏风检测仪所测漏风量低于《通风与空调工程施工质量验收规范》（GB 50243—2002）的要求，检测合格。

签字栏	施工单位	北京××建设集团 工程总承包部	专业技术 负责人	专业质检员	专业工长
			高××	常××	马××
	监理（建设） 单位	北京××监理有限责任公司	专业工程师		何××

本表由施工单位填写。

196

现场组装除尘器、空调机漏风检测记录 表 C6-83		资料编号	08-C6-83-×××
工程名称	北京××大厦	分部工程	通风与空调
分项工程	除尘系统设备安装	检测日期	20××年××月××日
设备名称	组合式脉冲布袋除尘器	型号规格	ZH-4/34
总风量（m³/h）	6500	允许漏风率（%）	5
工作压力（Pa）	800	测试压力（Pa）	1000
允许漏风量（m³/h）	小于 350	实测漏风量（m³/h）	240

检测记录：

除尘器组装后，采用 Q80 型漏风测试设备进行检测。首先打压至工作压力，漏风量在允许范围内，然后再打压超出工作压力，观看读取数值在允许范围内，检测结果表明现场组装设备严密。

检测结论：

符合施工图设计及《通风与空调工程施工质量验收规范》（GB 50243—2002）的要求，检测合格。

签字栏	施工单位	北京××建设集团工程总承包部	专业技术负责人	专业质检员	专业工长
			高××	常××	马××
	监理（建设）单位	北京××监理有限责任公司		专业工程师	何××

本表由施工单位填写。

各房间室内风量温度测量记录 表 C6-84				资料编号	08-C6-84-×××
工程名称	北京××大厦			测量日期	20××年××月××日
系统名称	S1－SF 送风系统			系统位置	B座 1 段地下一层～五层
项目 房间 （测点）编号	风量（m³/h）				所在房间室内温度 （℃）
	设计风量 $Q_{设}$	实际风量 $Q_{实}$	相对差		
1	400	400	0.00		25
2	400	400	0.00		27
3	400	450	0.125		25
4	400	450	0.125		24
5	400	420	0.05		26
6	400	400	0.00		26
7	400	400	0.00		27
8	2800	2920	0.0428		22

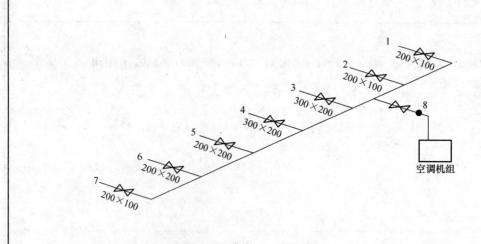

施工单位	北京××建设集团工程总承包部	
测量人	记录人	审核人
李××	吴××	徐××

本表由施工单位填写。

198

各房间室内风量测量记录 表 C6-84				资料编号	08-C6-84-×× ×
工程名称	北京××大厦			通风与空调	20××年××月××日
系统名称	X-4 新风系统			系统位置	A 座 1 段首层
项目 房间(测点)编号	风量（m³/h）			所在房间室内温度（℃）	
	设计风量 $Q_设$	实际风量 $Q_设$	相对差		
大会议室 1		391		22	
小会议室 2		396		24	
服务台 3		280		18	
走廊 4		576		16	
接待室 5		292		22	
贵宾接待室 6		298		24	
走廊 7		582		16	
休息室 8		286		20	
休息室 9		268		20	
办公室 10		296		24	
办公室 11		302		22	
办公室 12		298		23	
办公室 13		296		24	
办公室 14		304		22	
走廊 15		594		16	
	Σ6000	Σ5757		$\delta=（Q_实-Q_设）/Q_设×100\%$ $=（5757-6000）/6000×100\%=-4.05\%$	
施工单位	北京××建设集团工程总承包部				
测量人		记录人		审核人	
赵××		王××		李××	

本表由施工单位填写。

管网风量平衡记录 表C6-85										资料编号	08-C6-85-×××

工程名称		北京××大厦							测试日期		20××年××月××日

系统名称		X-5送风系统							系统位置		B座一层报告厅

测点编号	风管规格（mm×mm）	断面积（m²）	平均风压（Pa）			风速（m/s）	风量（m³/h）		相对差	使用仪器编号
			动压	静压	全压		设计 $Q_{设}$	实际 $Q_{实}$		
1	240×240	0.06				2.84		613.4		
2	240×240	0.06				2.87		619.9		
3	240×240	0.06				2.87		619.9		
4	240×240	0.06				2.71		585.4		
5	240×240	0.06				2.86		617.8		
6	240×240	0.06				2.88		622.1		
7	240×240	0.06				3.00		648.0		
8	240×240	0.06				2.91		628.6		
9	240×240	0.06				2.71		585.3		
10	240×240	0.06				2.72		587.5		
11	240×240	0.06				2.61		563.7		
							Σ6500	Σ6692	3%	
			$\delta=（Q_{实}-Q_{设}）/Q_{设}×100\%$ $=（6692-6500）/$ $6500×100\%=3\%$							
施工单位		北京××建设集团工程总承包部									
审核人			测定人						记录人		
赵××			王××						李××		

本表由施工单位填写。

空调系统试运转调试记录 表 C6-86		资料编号	08-C6-86-×××
工程名称	北京××大厦	试运转 调试日期	20××年××月××日
系统名称	K-1、2送风系统	系统所在位置	B座一层多功能厅
实测总风量 （m³/h）	1390	设计总风量 （m³/h）	1300
风机全压 （Pa）	（机组）余压500	实测风机全压 （Pa）	496

试运转、调试内容：

开风机之前，将该系统（所测系统）调节阀、风口全部置于开启状态。三通调节阀处于中央位置，开启风机进行系统风量测量、调整，系统总风量调试结果与设计风量的相对偏差不大于10%。

用微压计与毕托管从系统的最远、最不便环路开始，逐渐调试到风机。

试运转、调试结论：

系统试运转和调试后，对测试记录进行核对，符合施工图设计及《通风与空调工程施工质量验收规范》（GB 50243—2002）的要求，合格。

签 字 栏	施工单位	北京××建设集团 工程总承包部	专业技术 负责人	专业质检员	专业工长
			高××	常××	马××
	监理（建设） 单位	北京××监理有限责任公司	专业工程师		何××

本表由施工单位填写。

201

空调水系统试运转调试记录 表 C6-87		资料编号	08-C6-87-××
工程名称	北京××大厦	试运转调试日期	20××年××月××日
设计空调冷（热）水总流量 $Q_{调设}$（m³/h）	5000	相对差	0.01
实际空调冷（热）水总流量 $Q_{调实}$（m³/h）	4944		
空调冷（热）水 供水温度（℃）	6	空调冷（热）水 回水温度（℃）	8
设计冷却水总流量 $Q_{冷设}$（m³/h）	8400	相对差	0.01
实际冷却水总流量 $Q_{冷实}$（m³/h）	8352		
冷却水供水温度 （℃）	10	冷却水回水温度 （℃）	12

试运转、调试内容：

水泵及系统连续运行未有异常振动和声响，运行平稳正常，风机盘管的温控开关动作正确，水泵的压力和水泵电动机的电流无大幅波动。空调冷水供水温度 6℃，冷水回水温度 8℃。冷却水供水温度 10℃，冷却水回水温度 12℃。

试运转、调试结论：

经检查：符合施工图设计及《通风与空调工程施工质量验收规范》（GB 50243—2002）的要求，试运转、调试结论为合格。

签字栏	施工单位	北京××建设集团 工程总承包部	专业技术 负责人	专业质检员	专业工长
			高××	常××	马××
	监理（建设） 单位	北京××监理有限责任公司	专业工程师		何××

本表由施工单位填写。

空调水系统试运转调试记录 表 C6-87		资料编号	08-C6-87-×××
工程名称	北京××大厦	试运转调试日期	20××年××月××日
设计空调冷（热）水总流量 （$Q_{调设}$）（m^3/h）	110	相对差	5.1％
实际空调冷（热）水总流量 （$Q_{调实}$）（m^3/h）	103.6		
空调冷（热）水 供水温度（℃）		空调冷（热）水 回水温度（℃）	
设计冷却水总流量 （$Q_{冷设}$）（m^3/h）	130	相对差	2.7％
实际冷却水总流量 （$Q_{冷实}$）（m^3/h）	126.4		
冷却水供水温度 （℃）		冷却水回水 温度（℃）	

试运转、调试内容：

　　本工程空调水系统 K6～K8、K11～K14 为带风机盘管系统，调试时按开机顺序：冷却水泵→冷却塔→冷却水泵→冷却机组进行调试与试运转。所有系统共计 58 台风机盘管，YGFC-03-CC-2S 为 9 台、YGFC-04-CC-2S 为 6 台、YGFC-05-CC-2S 为 26 台、YGFC-06-CC-2S 为 4 台、YGFC-07-CC-2S 为 13 台，运转过程随时进行测温、测噪声，检查有无卡阻及异常声音。由上午 8：30 开机至下午 6：30 关机，试运转 10h，测量室内风机盘管噪声最大值为 45dB，室内温度为＋26℃。

试运转、调试结论：

　　系统联动试运转过程中，设备及主要部件联动运转正常，无卡阻及异常噪声，电动机温升变化平稳，所测数值均符合施工图设计及《通风与空调工程施工质量验收规范》（GB 50243—2002）的要求，合格。

签字栏	施工单位	北京××建设集团 工程总承包部	专业技术 负责人	专业质检员	专业工长
			高××	常××	马××
	监理（建设） 单位	北京××监理有限责任公司	专业工程师	何××	

本表由施工单位填写。

制冷系统气密性试验记录 表 C6-88			资料编号		08-C6-88-×× ×
工程名称	北京××大厦		试验时间		20××年××月××日
试验项目	制冷设备系统		试验部位		B座地下一层冷冻机房

管道编号	气密性试验			
	试验介质	试验压力（MPa）	停压时间	试验结果
1	氮气	1.6	8：30	压降不大于 0.03MPa
2	氮气	1.6	14：30	压降不大于 0.03MPa
3	氮气	1.6	18：45	压降不大于 0.03MPa

管道编号	真 空 试 验			
	设计真空度（kPa）	试验真空度（kPa）	试验时间	试验结果
	101	95	24h	剩余压力小于 5.2kPa

管道编号	充 制 冷 试 验			
	充制冷剂压（MPa）	检漏仪器	补漏位置	试验结果
				厂家试验报告合格

试验结论：

经现场试验记录数据分析，制冷系统气密性符合施工图设计及《通风与空调工程施工质量验收规范》（GB 50243—2002）的要求，试验合格。

签字栏	施工单位	北京××建设集团 工程总承包部	专业技术 负责人	专业质检员	专业工长
			高××	常××	马××
	监理（建设） 单位	北京××监理有限责任公司	专业工程师		何××

本表由施工单位填写。

204

净化空调系统测试记录 表 C6-89			资料编号	08-C6-89-××××
工程名称	北京××大厦		试验日期	20××年××月××日
系统名称	净化空调系统		洁净室级别	3 级和 4 级
仪器型号	光学粒子计数器（1L/min）		仪器编号	LJ-01
高效过滤器	型 号	D 类	数 量	4 台
	测试内容	首先，测试高效过滤器的风口处的出风量是否符合设计要求		
		其次，用扫描法在过滤器下风侧用粒子计数器动力采样头		
		最后，对高效过滤器表面、边框、封头胶处移动扫描，测出泄漏率是否超出设计要求的参数值		
室内洁净度	测试内容	实测洁净等级		室内洁净面积（m²）
		根据检测数据（静态下）悬浮粒子浓度达到 3 级洁净要求		20
		根据检测数据（静态下）悬浮粒子浓度达到 3 级洁净要求		40

测试结论：

经现场测试记录数据分析，净化空调系统符合施工图设计及《通风与空调工程施工质量验收规范》（GB 50243—2002）的要求，测试合格。

签字栏	施工单位	北京××建设集团 工程总承包部	专业技术 负责人	专业质检员	专业工长
			高××	常××	马××
	监理（建设） 单位	北京××监理有限责任公司		专业工程师	何××

本表由施工单位填写。

防排烟系统联合试运行记录 表 C6-90				资料编号		08-C6-90-×××	
工程名称		北京××大厦		试运行时间		20××年×× 月××日	
试运行项目		排烟系统		试运行楼层		A座地下一层~三层	
风道类别		金属风管		风机类别型号		排烟双速风机	
试验风口 位置	风口尺寸 (mm)	风速 (m/s)	风量 (m³/h)		相对差 $\delta = Q_{实} - Q_{设}/Q$		风压 (Pa)
			设计风量 $Q_{设}$	实计风量 $Q_{实}$			
①~②轴/Ⓐ轴线	500×500	4.5	3600	3825	0.06		60
⑥~⑧轴/Ⓑ轴线	400×320	5	2200	2304	0.05		50
⑪~⑬轴/Ⓒ轴线	630×500	5	5500	5670	0.03		50
⑯~⑱轴/Ⓓ轴线	320×250	4.5	1400	1425	0.02		60
㉑~㉓轴/Ⓔ轴线	250×250	5.5	1200	1238	0.03		55

试运行结论：

　经检查：符合施工图设计及《通风与空调工程施工质量验收规范》（GB 50243—2002）的要求，试运转结论为合格。

签字栏	施工单位	北京××建设集团 工程总承包部	专业技术 负责人	专业质检员	专业工长
			高××	常××	马××
	监理（建设） 单位	北京××监理有限责任公司	专业工程师		何××

本表由施工单位填写。

防排烟系统联合试运行记录 表 C6-90			资料编号		08-C6-90-××××
工程名称	北京××大厦		试运行时间		20××年××月××日
试运行项目	排烟风口排风量		试运行楼层		B座地下一层娱乐厅
风道类别	冷轧钢板 PY-1		风机类别型号		XYF-10A
电源型式	混合型		防火（风） 阀类别		70℃防火调节阀

序号	风口尺寸 （mm×mm）	风速 （m/s）	风量（m³/h）		相对差	风压 （Pa）
			设计风量 $Q_设$	实计风量 $Q_实$		
1	800×400	6.09	7108	7016		480
2	800×400	6.06	7108	6985		
3	800×400	5.87	7108	6768		
4	800×400	6.07	7108	7002		
5	800×400	5.96	7108	6874		
6	800×400	5.84	7108	6735		
			Σ42649	Σ41380	Δ＝－3％	
			$\delta＝（Q_实－Q_设）/Q_设×100\%$ $＝（41380－42649）/42649×100\%＝－3\%$			

试运行结论：

前端风口调节阀调节至最小，末端风口调节阀调节至最大，经实测各风口风量基本相近，相对偏差未超过 5％，符合施工图设计及《通风与空调工程施工质量验收规范》（GB 50243—2002）的要求，试运行合格。

签字栏	施工单位	北京××建设集团 工程总承包部	专业技术 负责人	专业质检员	专业工长
			高××	常××	马××
	监理（建设） 单位	北京××监理有限责任公司	专业工程师		何××

本表由施工单位填写。

设备单机试运转记录 表 C6-91		资料编号	08-C6-91-×××
工程名称	北京××大厦	试运转时间	20××年××月××日
设备名称	新风机组	设备编号	2#
规格型号	SDK-5WS	额定数据	5000m³/h
生产厂家	德州××风机有限公司	设备所在系统	新风系统

试验要求：

1. 设备单机调试前，应对设备机房及设备内部进行清理。机房内清扫干净，不得留有杂物，避免开机时被机组吸入。机组内部应无残留的杂物，并清扫干净。

2. 单机调试前，电源应连接好，且符合电气规范的有关要求。

3. 单机调试的内容主要是设备内风机的调试，风机调试详见《通风机安装工艺标准》风机试运转及验收的规定。

4. 除进行风机试运转外，还应对空调机组内冷凝水进行通水试验，以及冷热水管道的水压试验。

5. 现场组装的组合式空调机组应进行漏风检测，漏风检测可按《金属风管及部件安装工艺标准》中风管路严密性检验的相关要求进行。

序号	试验项目	试验记录	试验结论
1	风机启动	点动电动机，各部位无异常现象和摩擦声响	合格
2	小负荷运转	调节门开度为 5°，轴承温升稳定后运转 30min	合格
3	运转过程中有无异常噪声	无异常噪声	合格
4	额定负荷运转	连续运转 2h 无异常	合格

试运转结论：

风机运转正常、平稳，符合施工图设计及《通风与空调工程施工质量验收规范》（GB 50243—2002）的要求，试运转结论为合格。

签字栏	施工单位	北京××建设集团工程总承包部	专业技术负责人	专业质检员	专业工长
			高××	常××	马××
	监理（建设）单位	北京××监理有限责任公司	专业工程师		何××

本表由施工单位填写。

系统试运转调试记录 表 C6-92		资料编号	08-C6-92-××××
工程名称	北京××大厦	试运转调试时间	20××年××月××日
试运转调试项目	新风系统调试	试运转调试部位	B座1段一层～八层

试运转、调试内容：

　　首先对机组进行单机试运转，经试运转符合设计验收要求，后对新风机组进行风量分配调试，送回风口末端各类阀部件装置连接处密封严密，主要动作协调、正确，无异堂现象。其中办公室为 30m³/h，接待室为 25m³/h，系统总风量调试结果与设计风量的偏差小于 10％。

　1. 测试工具：风速仪、斜管压力计、开孔机具（型号）。

　2. 系统的阀门均在 1/2 开启状态，防火阀全部开启。

　3. 每层两台新风机组，集中放置在每层两端，型号为 KB10，$L=5000$m³/h，$P=245$Pa，$N=1.5$kW。

　4. 在每个分支干线上沿风管开 3 个 $\Phi200$ 的孔。

　5. 开启风机，检查风机运行平稳后，检查风机的供回风量，计算平均值，相差小于 5％。

　6. 沿最不利端开始，由后向前调整阀门开启程度，检查各出风口的速度。见《各房间室内风量温度测量记录》。

　7. 使用风速仪检查各支风道的平均风速及风压。

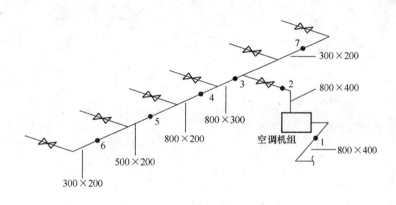

试运转、调试结论：

　　经检查：符合施工图设计及《通风与空调工程施工质量验收规范》（GB 50243—2002）的要求，试运转、调试结论为合格。

签字栏	建设单位	监理单位	施工单位
	程××	何××	高××

本表由施工单位填写。

第六章
电梯工程

电梯设备开箱检验记录 表 C4-19				编　号	09-C4-19-××
工程名称	北京××大厦			产品合同号	MMR-PA-C0105-22/22
设备名称及规格型号	TKJ1000/1.6-JXW；PFL35/0.45-100K			出厂日期	20××年××月××日
装箱单号	TKJ 1000/1.6-06-03-12-1、2、3、4；FPL35/0.45-06-03-02-1、2	检验数量	6	开箱日期	20××年××月××日
检查内容及规范标准要求				检 查 结 果	
包装情况	零部件应按类别及装箱单完好地装入箱内，并应垫平、卡紧、固定，精密加工、表面装饰的部件应防止相对移动。驱动主体应整体包装。包装及密封应完好，规格应符合设计要求，附件、备件齐全，外观应完好。设备、材料、零部件无损伤、锈蚀及其他异常情况			包装及密封完好，主机、附件、备件齐全，外观完好	
随机文件	1. 文件目录；2. 装箱清单；3. 产品合格证；4. 机房、井道布置图；5. 使用维护说明书（含润滑汇总表及电梯功能表）；6. 电气原理图、接线图及其符号说明；7. 主要部件安装图；8. 安装（调试）说明书；9. 安全部件型式试验报告结论副本；10. 易损件目录			随机文件齐全	
机械部件	曳引机标牌应注明：1. 产品名称、型号；2. 额定速度；3. 额定载重量；4. 减速比；5. 出厂编号；6. 标准编号；7. 质量等级标志；8. 厂名、商标；9. 出厂日期。限速器、缓冲器、安全钳装置、门锁等安全部件的标牌应标明：1. 名称、型号及主要性能、参数；2. 厂名；3. 型式试验标志及试验单位			机械部件齐全，标识清晰，产品的型号、数量符合设计要求	
电气部件	电动机、控制柜等各种电气部件应装入防潮箱内，并应作防振处理，必须存放室内。控制柜标牌应标明：型号、规格，制造厂名称及其识别标志或商标			电气部件齐全，标识清晰，产品的型号、规格、数量符合设计要求	
进口设备	应有进口货物报关单、商检合格证书以及国际标准化组织认证的产品证书、产品检验标准和有关资料。产品各部件的标志、标识、须知、说明等，均应清晰、易懂、耐用，并优先使用中文汉字			—	
处理意见	开箱检验，零部件完整齐全，无缺损现象，符号施工图设计及《电梯工程施工质量验收规范》（GB 50310—2002）标准的要求				
签字栏	建设（监理）单位		供应单位		安装单位
	孙××		曹××		王××

本表由施工单位填写，建设单位、施工单位各保存一份。

电梯承重梁、起重吊环埋设隐蔽工程检查记录 表 C5-23			编　号		09-C5-23-××
工程名称	北京××大厦		隐检项目		承重梁、起重吊环埋设
检查部位	电梯机房		填写日期		20××年××月××日
施工日期	20××年××月××日		天气情况	晴	气温（℃）	16

隐检内容及示意图　单位：mm

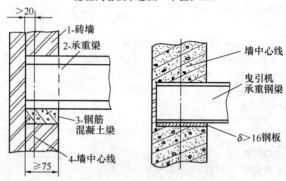

1-砖墙
2-承重梁
3-钢筋混凝土梁
4-墙中心线

墙中心线
曳引机承重钢梁
δ>16钢板

承重梁规格	A30 工字钢	数　量	3	承重墙类型	剪力墙	厚　度	200mm
埋设长度	150mm	过墙中心	50mm	梁垫规格		900mm×130mm×20mm	
焊接情况	良好	防腐措施	除锈刷漆	梁端封固		型钢焊接、混凝土灌注	
起重吊环设计荷载（kg）		3000		起重吊环材料规格		A3，φ24mm	
混凝土承重梁位置规格		120mm×680mm×200mm		吊环与钢筋锚固尺寸		300mm	
A3 圆钢吊环荷载	φ16, 1.5t		φ20, 2.1t	φ22, 2.7t		φ24, 3.3t	φ27, 4.1t
检查意见	符合施工图设计及《电梯工程施工质量验收规范》（GB 50310—2002）标准的要求。 20××年××月××日			复查意见			年　月　日
签字栏	建设（监理）单位		安装单位		北京××机电安装有限责任公司		
			专业技术负责人		专业质检员		专业工长
			孙××		范××	宋××	姜××

本表由施工单位填写，建设单位、施工单位、城建档案馆各保存一份。

电梯钢丝绳头灌注隐蔽工程检查记录 表 C5-24		编　号		09-C5-24-×××	
工程名称	北京××大厦		隐检项目	钢丝绳头灌注	
操作场地	首层工作间		填写日期	20××年××月××日	
操作日期	20××年××月××日		天气情况	晴	气温（℃）12
用火手续	动火证手续齐全	看火人	韩××	操作人	陈×× 曹××
钢绳用途	曳引	钢丝绳规格	φ12	锥套数	共10个

<table>
<tr><td rowspan="3">隐检内容</td><td>

单位：mm

尖端绑扎点
R5-7
45
60
周围用布绳裹裹防止合金漏出
浇灌合金口
80
20
10

将钢绳清洗干净，绳头分股后，每股端部绑扎防止散丝；去掉麻芯，各绳股向中心弯曲后，拉入锥套内；将锥套加热 40~50℃，熔化合金温度 270~400℃；必须一次与锥套浇平，严禁一个锥套二次浇灌。
</td></tr>
</table>

检查意见	符合施工图设计及《电梯工程施工质量验收规范》（GB 50310—2002）标准的要求。 20××年××月××日	复查意见	年 月 日

<table>
<tr><td rowspan="3">签字栏</td><td rowspan="2">建设（监理）单位</td><td>安装单位</td><td colspan="2">北京××机电安装有限责任公司</td></tr>
<tr><td>专业技术负责人</td><td>专业质检员</td><td>专业工长</td></tr>
<tr><td>孙××</td><td>范××</td><td>宋××</td><td>姜××</td></tr>
</table>

本表由施工单位填写，建设单位、施工单位、城建档案馆各保存一份。

215

电梯导轨、层门的支架、螺栓埋设隐蔽工程检查记录 表 C5-25					编　号		09-C5-25-××
工程名称		北京××大厦		隐检项目			导轨、层门的 支架、螺栓埋设
检查部位		电梯井道内		填写日期			20××年××月××日
施工日期		20××年××月××日		天气情况		晴	气温 （℃）　14

(a)　　　　　　　(b)　　　　　　　(c)

(d)　　　　　　　(e)　　　　　　　(f)

井壁结构	剪力墙结构	适用工艺	膨胀螺栓固定	适应图号	(a)、(b)、(c)、 (d)、(e)、(f)	
预埋铁厚度	δ≥16mm	螺栓规格	12mm×160mm	型钢规格	A1、φ12	
燕尾夹角	≥60°	埋设深度	≥120mm	墙洞尺寸	—	
清渣冲水	清除石碴并冲水	混凝土配合比 （水泥∶砂∶豆石）	—		养护（d）	—
检查意见	符合施工图设计及《电梯工程施工质量验收规范》（GB 50310—2002）标准的要求。 20××年××月××日		复查意见			年　月　日
签字栏	建设（监理）单位	安装单位		北京××机电安装有限责任公司		
		专业技术负责人		专业质检员		专业工长
	孙××	范××		宋××		姜××

本表由施工单位填写，建设单位、施工单位、城建档案馆各保存一份。

216

电梯电气装置安装检查记录 表 C5-26			编 号	09-C5-26-××
施工名称	北京××大厦		日 期	20××年××月××日

序	检验项目	检验内容及其规范标准要求		检查结果
1	主电源开关	位置在机房入口，各台易识别，容量适当，距地面1.3～1.5m		符合规范要求
		不应切断与电梯有关的照明、通风、插座及报警电路		符合规范要求
2	机房照明	与电梯电源分开，在机房入口处设开关，地面照度≥200lx		符合规范要求
3	轿厢照明和通风电路	电源可由相应的主开关进线侧获得		符合规范要求
		在相应主开关近旁设置电源开关进行控制		符合规范要求
4	轿顶照明及插座	应装设照明装置，或设置安全电压的电源插座		符合规范要求
		轿顶检修220V电源插座（2P＋PE型）应设明显标识		符合规范要求
5	井道照明	电源宜由机房照明回路获得，在机房和坑底设置控制开关		符合规范要求
		在井道最高和最低处0.5m内各设一灯，并设中间灯，照度≥50lx		符合规范要求
6	接地保护	所有电气设备的外露可导电部分均应可靠接地或接零		符合规范要求
		保护线和工作零线始终分开，保护线采用黄绿双色绝缘导线		符合规范要求
		保护干线截面积不得小于电源相线，支线应符合相关标准要求		符合规范要求
		各接地保护端应易识别，不得串联接地。接地电阻值应≤4Ω		0.1Ω
		电梯轿厢可利用随行电缆的钢芯或不少于2根芯线接地		符合规范要求
7	控制屏柜	布局合格，固定可靠，基础高出地面50～100mm		60mm
		垂直度偏差≤1.5/1000		0.5mm
		正面距门窗、维修侧距墙≥600mm，距机械设备≥500mm		符合规范要求
8	防护罩壳	在机房内必须防止直接触电。所有外壳防护等级最低为IP2X		符合规范要求
9	线路敷设	各台电梯的供电电源应单独敷设或采取隔离措施		符合规范要求
		机房、井道内应使用金属电线管槽；严禁使用可燃性的管槽		符合规范要求
10	电线管槽	距轿厢、钢绳	机房内≤50mm，井道内≥20mm	80mm；40mm
		水平和垂直偏差	机房内≤2/1000	1mm
			井道内≤5/1000，全长≤50mm	2mm；15mm
		均应可靠接地或接零，但线槽、软管不得作保护线使用		符合规范要求
		轿厢顶部电线应敷设在被固定的金属电线管、槽内		符合规范要求
11	电线槽	在机房地面敷设时，其壁厚≥1.5mm		2mm
		位置正确，安装牢固，每根线槽不应少于2点固定		3点
		接口严密，出线口无毛刺。槽盖齐全平整，便于开启		符合规范要求

电梯电气装置安装检查记录 表 C5-26		编　号	09-C5-26-×××
施工名称	北京××大厦	日　期	20××年××月××日

序	检验项目	检验内容及其规范标准要求	检查结果
12	电线管	应用管卡子固定，间距均匀（符合电气安装标准）	符合规范要求
		与线槽、箱、盒连接处应用锁母锁紧，管口装设护口	符合规范要求
		暗敷设时，保护厚度≥15mm	15mm
13	金属软管	用于不宜被机械损伤的分支线路，长度≤2m	符合规范要求
		不得损伤和松散，与箱、盒、设备连接处应使用专用接头	符合规范要求
		应安装平直、牢固，固定点间距均匀且应≤1m	0.5m
		端头及拐弯处固定间距均匀，且应≤0.3m，弯曲半径应≤其外径的 4 倍	符合规范要求
		与管、箱、盒应采用接地夹连接，保护线应采用≥4mm² 多股铜线	6mm²
14	轿厢操作盘及显示板	应与轿壁贴实，洁净无划伤	符合规范要求
		按钮触动应灵活无卡阻，信号应清晰正确，无串光现象	符合规范要求
15	防腐	附属构架、电线槽、电线管等均应涂防锈漆或镀锌，无遗漏	符合规范要求
16	导线敷设	应使用额定电压不低于 500V 的铜芯绝缘导线	符合规范要求
		电缆的绝缘或护套表面应有制造厂名、型号和电压的连续标识，标识应字迹清楚，容易辨认且耐擦	符合规范要求
		动力线路与控制线路应隔离敷设，抗干扰线路按产品要求	符合规范要求
		电线管、槽内无积水、污垢	符合规范要求
		接线编号齐全清晰。保护线端子、电压 220V 以上的端子和主电源断开后仍带电超过 50V 的断子应有明显标记	符合规范要求
		出入电线管、槽的电线应有护口或其他保护措施	符合规范要求
		电线槽拐弯、导线受力处应加绝缘衬垫，垂直部分应可靠固定	符合规范要求
		电线管内导线总截面≤管内净截面的 40%	符合规范要求
		电线槽内导线总截面≤槽内净截面的 40%	符合规范要求
		配线应绑扎整齐，留备用线，其长度与箱、盒内最长的导线相同	符合规范要求
		线槽内应减少接头，接头冷压端子压接可靠，绝缘良好	符合规范要求
		全部电线接头、连接端子及连接器应设置于柜、盒内或为此目的而设置的屏上	符合规范要求
		导线和电缆的保护外皮应完全进入开关和设备的壳体或应进入一个合适的封闭装置中	符合规范要求
		如果不需要使用工具就能将连接件或插接式装置拔出时，则应保证重新插入时，绝不会插错	符合规范要求
17	绝缘电阻	导体之间、导体对地之间应＞1000Ω/V。动力电路和电气安全装置电应≥0.5MΩ；控制回路和照明回路应≥0.25MΩ	符合规范要求

签字栏	建设（监理）单位	安装单位	北京××机电安装有限责任公司	
		专业技术负责人	专业质检员	专业工长
	孙××	范××	宋××	姜××

本表由施工单位填写，建设单位、施工单位各保存一份。

电梯机房、井道预检记录 表 C5-27			编　　号	09-C5-27-×××
工程名称	北京××大厦		检查日期	20××年××月××日
土建设计图号	建施-6		电梯厂设计图号	2006F6278E01#27
同机房电梯数	1	同井道电梯数　1	楼层数	22

检测内容		设计要求	检测数据	偏差数值	具体部位
机房高度（mm）		2350	2340	−10	整体
机房宽度（mm）		3150	3260	+10	通道侧
机房深度（mm）		5650	5635	−15	整体
地板承重（kg）		$W_1=6600$；$W_2=7500$	—	—	—
预留孔洞（mm）		250×250	250×250	0	位置正确
吊钩埋设（kg）		3000	3000	0	预埋位置正确
井道宽度（mm）		2100	2100	0	—
井道深度（mm）		2200	2150	−50	整体
顶层高度（mm）		5100	5000	−100	整体
标准层高（mm）		2900	2900	0	—
底坑深度（mm）		1550	1540	−10	整体
井道偏斜		—	—	—	—
混凝土梁间距		—	—	—	—
埋铁位置		—	—	—	—
层门尺寸（mm）		1200×2200	1200×2200	0	检测
盒洞	召唤开关	100×400	110×400	+10	检测
	楼层指示	250×520	250×520	0	位置正确

检查意见：
　井道、机房预留洞有偏差，但在允许偏差范围内，可以进行电梯机房、井道设备的安装工作。

土建单位	北京××建设集团工程总承包部		安装单位	北京××机电安装有限责任公司
签字栏	土建技术负责人	专业技术负责人	专业质检员	专业工长
	马××	范××	宋××	姜××

本表由施工单位填写并保存。

自动扶梯、自动人行道安装与土建交接预检记录 表 C5-28		编　号	09-C5-28-×　×　×
工程名称	北京××大厦	日　期	20××年××月××日

土建布置图（可复印粘贴）　　单位：mm

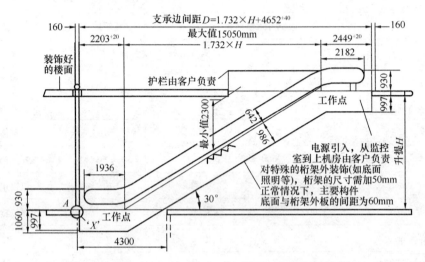

检测项目	设计要求	检测数据	允许偏差（mm）
水平基准线标识（mm）	130	129	−1
底坑宽度（mm）	1630	1630	0
底坑深度（mm）	997	980	−17
支承宽度（mm）	160	162	2
支承长度（mm）	1630	1630	0
中间支承强度（mm）	—	—	—
支承水平间距（mm）	12486	12500	0～15
扶梯提升高度（mm）	4505	4500	−15～+15
支承预埋铁尺寸（mm）	1630×160×25	1630×160×25	—
提升设备预留措施	Φ130 预留孔	Φ130 预留孔	—

检查意见：

　　符合施工图设计及《电梯工程施工质量验收规范》（GB 50310—2002）标准的要求。

土建单位	北京××建设集团工程总承包部	安装单位	北京××机电安装有限责任公司
签字栏	土建技术负责人	专业技术负责人	专业质检员	专业工长
	马××	范××	宋××	姜××

本表由施工单位填写并保存。

自动扶梯、自动人行道的相邻区域检查记录 表 C5-29		编　号	09-C5-29-×××
工程名称	北京××大厦	日　期	20××年××月××日

序	检验项目	检验内容及其规范标准要求	检查结果
1	出入口畅通区	其宽度不应小于扶手带中心线之间的距离，纵深尺寸从扶手带转向端起应不小于2.5m；如该区宽度大于扶手带中心间距两倍时，其纵深尺寸可减至2m	符合规范要求
2	照　　明	地面处的光照度：室内应不小于50lx，室外应不小于15lx	室内：200lx
3	防碰挡板	当扶手带中心线与障碍物及自动扶梯、自动人行道的交叉间距小于0.5m时，应在外栏板上方设置无锐利边缘的垂直防碰挡板，其高度应不小于0.3m，软连接的链绳自由长度应不小于75mm	符合规范要求
4	净空高度	梯级、踏板或胶带上空垂直净高度严禁小于2.3m	2.7m
5	防护栏	自动扶梯与楼层地面开口部之间应设置保证安全的栏杆或屏障，其高度严禁小于1.2m	防护栏：1.4m
6	防护网	当开口与扶梯间距大于200mm时，应设防止物品下落的防护网，网孔密度不能让直径大于50mm的球落下，骨架应用钢材制作	—
7	护板	出入口应设置防儿童钻爬的护板，其高度应不小于1.1m，与扶手装置及其他设施的间隙应不大于100mm	护板高度为1.2m，间隙为30mm
8	扶手带外缘	与墙壁或障碍物的水平距离不应小于80mm，其距离应保持至梯级、踏板或胶带上方不小于2.1m的高度	水平距离为900mm，高度为2.7m
8	扶手带外缘	相邻平行或交叉设置的自动扶梯，其扶手带外缘间距不应小于120mm	—
9	标志须知	应采用汉字，位置明显，材料经久耐用。内容应符合《自动扶梯和自动人行道的制造与安装安全规范》（GB 16899）的规定	符合规范要求

签字栏	建设（监理）单位	安装单位	北京××机电安装有限责任公司	
		专业技术负责人	专业质检员	专业工长
	孙××	范××	宋××	姜××

本表由施工单位填写，建设单位、施工单位各保存一份。

自动扶梯、自动人行道电气装置检查记录 表 C5-30			编　号	09-C5-30-×× ×		
施工名称		北京××大厦	日　期	20××年××月××日		
序	检验项目	检验内容及其规范标准要求				检查结果
1	主开关	每台1个，装设在驱动主机或控制装置附近，能迅速而容易地操纵，具有稳定的断开和闭合位置，并能保持在断开的位置				符合规范要求
		不应切断电源插座或检修照明电路的电源				符合规范要求
2	照明电路、开关、插座	各分离机房、驱动和转向站内应设固定的照明和插座				符合规范要求
		在金属结构内应正常备用手提灯，并应备足够的电源插座				符合规范要求
		插座应是2P+PE型（2级＋保护线）250V或安全电压形式				符合规范要求
		电源应和主机电源分开，或由主开关之前的分支电缆供电。各回路的保护开关应位于主开关近旁，并应有明显的标识				符合规范要求
3	保护罩壳	在各分离机房、驱动和转向站内应采用防护等级至少为1P2X的防护罩以防止直接触电				符合规范要求
4	接地保护	电气设备金属罩壳均应有易识别的接地端。接地线应分别直接可靠的接至接地端上，不得互相串联后接地。接地电阻值应≤4Ω				0.1Ω
		接地保护线应采用黄绿双色绝缘铜芯导线，并应与零线始终分开				符合规范要求
		接地干线的截面积不得小于相线；支路采用裸铜线时应≤4mm²，采用绝缘铜芯导线时应≤1.5mm²				采用黄绿双色绝缘铜芯1.5mm²导线
		金属软管和线槽均应可靠接地或接零，但不得作为保护线使用				符合规范要求
5	线路敷设	各台自动扶梯、自动人行道的电源线路应单独敷设或采取隔离措施				符合规范要求
		所有管线应采用不延燃型材料，并应有防止机械损伤的措施				符合规范要求
		导线敷设总截面积（包括外护层）不得超过线槽净截面面积的60%；不得超过线管净截面面积的40%				符合规范要求
		动力线路与控制线路应隔离敷设，抗干扰线路按产品要求				符合规范要求
		配线应绑扎整齐，接线编号应齐全清晰				符合规范要求
6	金属软管	不得损伤和松散，与箱、盒、设备连接处应使用专用接头				符合规范要求
		应安装平直牢固，固定点间距均匀且应≤1m，端头及拐弯处固定距离应≤0.3m，弯曲半径应≥其外径的4倍				符合规范要求
		与管、箱、盒应采用专用接地夹连接，保护线应采用≥4mm²多股铜线				采用黄绿双色绝缘铜芯4mm²导线
7	导线连接	电缆的绝缘或护套表面应有制造厂名、型号和电压的连续标识，标识应字迹清楚，容易辨认且耐擦				符合规范要求
		保护线端子、电压220V以上的端子和主电源断开后仍带电超过50V的端子应有明显标记				符合规范要求
		全部导线接头、连接端子及其连接器应设置于柜、箱、盒内；导线和电缆的保护外皮应完全进入开关和设备的壳体内				符合规范要求
8	绝缘电阻	导体之间、导体对地之间应≥1000Ω/V。动力电路和电气安全装置电路应≥0.5MΩ；其他回路（控制、照明等）应≥0.25MΩ				符合规范要求
签字栏	建设（监理）单位	安装单位		北京××机电安装有限责任公司		
		专业技术负责人		专业质检员		专业工长
	孙××	范××		宋××		姜××

本表由施工单位填写，建设单位、施工单位各保存一份。

自动扶梯、自动人行道整机安装质量检查记录 表 C5-31		编　号		09-C5-31-××
施工名称	北京××大厦		日　期	20××年××月××日

序	检验项目	检验内容及其规范标准要求	检查结果
1	一般要求	所有外露部件如装饰板、围裙板、扶手支架、扶手导轨、内外盖板、护壁板等应表面完整光滑，其接缝处凸台不应大于 0.5mm	符合规范要求
2	装饰板（围板）	应有足够的机械强度和刚度，除梯级、踏板或胶带以及扶手带等以外的运动部分均应完全封闭在无孔的围板内（可设通风孔）	
3	护壁板（护栏板）	应有足够的强度和刚度，其边缘应呈圆角或倒角状，对接处间隙不应大于 4mm（玻璃护壁板之间应有间隙）	符合规范要求
4	围裙板梯级踏板	应设防夹装置或在梯级踏面两端提供黄色标记	符合规范要求
		与梯级或踏板任一侧的水平间隙应≤4mm，两侧间隙总和应≤7mm	3mm；5mm
		与自动人行道踏板或胶带的间隙应≤4mm，围裙板垂直投影不允许与踏板或胶带产生水平间隙	符合规范要求
5	扶手带	截面形状与导向件组合后，不应挤夹手指，开口处与导向件的距离在任何情况均不得超过 8mm	6mm
		导向和张紧应能在正常工作时不会脱离扶手导轨	符合规范要求
6	桁架（机架）	应能承受扶梯满载重量，其最大挠度应符合 GB 16899 中第 5.3 条的要求（可核查有关证明文件）	符合规范要求
		支承固定可靠，当提升高度大于 5m 时，应设中间支承或采取其他增强措施。金属结构表面应有防锈措施（可核查隐检记录）	符合规范要求
7	驱动装置	驱动主机运转时不得有杂声、冲击和异常的振动	符合规范要求
		减速器箱体分割面、视孔、端盖处及油管接头均不应有渗漏油现象。驱动链、扶手驱动链、梯级链应保持良好润滑	符合规范要求
		制动器与制动轮工作表面应保持清洁，动作应灵活可靠	符合规范要求
		飞轮上应有与自动扶梯、自动人行道运行方向相对应的标志。手轮、制动盘等光滑圆形部件，至少应部分漆成黄色	符合规范要求
8	盘车装置	应操作方便、安全、可靠，不允许采用曲柄或多孔手轮	符合规范要求
		手动盘车装置附近应备有使用说明	符合规范要求
9	应设置有效防护装置的部件	轴上的键和螺栓，电动机主轴伸出部分	符合规范要求
		传动齿轮、链轮、传动皮带、链条、外露的限速器	符合规范要求
		须在驱动或转向站内维修的梯级和踏板转向部分	符合规范要求

签字栏	建设（监理）单位	安装单位	北京××机电安装有限责任公司	
		专业技术负责人	专业质检员	专业工长
	孙××	范××	宋××	姜××

本表由施工单位填写，建设单位、施工单位各保存一份。

轿厢平层准确度测量记录 表 C6-49			编　号			09-C6-49-×××	
工程名称	北京××大厦		日　期		20××年××月××日		
额定速度 （m/s）	1.5	层站	22/22	驱动方式	交流变频 调速	层高（m）	2.8
达速层数	—	标准	±15mm	测量工具	深度卡尺	单位（mm）	mm
上　行				下　行			
起层	停层	空载	满载	起层	停层	空载	满载
B2	B1	2.0	1.5	B1	B2	2.0	3.0
B1	1	1.0	3.0	1	B1	1.5	3.0
1	2	1.5	2.5	2	1	1.0	4.0
2	3	1.5	3.0	3	2	1.5	3.0
3	4	1.0	3.0	4	3	2.0	3.0
4	5	1.5	1.0	5	4	1.0	2.5
5	6	1.5	2.0	6	5	1.5	1.5
6	7	1.5	3.0	7	6	2.0	3.0
7	8	2.0	3.0	8	7	1.0	1.5
8	9	1.0	1.0	9	8	1.5	2.5
9	10	1.5	1.5	10	9	2.0	1.5
10	11	1.5	3.0	11	10	1.0	3.0
11	12	1.0	2.5	12	11	2.0	3.0
12	13	1.5	3.0	13	12	1.5	3.0
13	14	1.5	3.0	14	13	1.0	4.0
14	15	2.0	1.0	15	14	1.5	3.0
15	16	1.0	2.0	16	15	2.0	3.0
16	17	1.5	1.5	17	16	1.0	2.5
17	18	1.5	3.0	18	17	1.5	1.5
18	19	1.0	2.5	19	18	2.0	3.0
19	20	1.5	3.0	20	19	2.0	3.0
20	21	1.5	1.0	21	20	1.0	4.0
21	22	2.0	2.0	22	21	1.5	2.0
签字栏	建设（监理）单位	安装单位			北京××机电安装有限责任公司		
		专业技术负责人		专业质检员		专业工长	
	孙××	范××		宋××		姜××	

本表由施工单位填写，建设单位、施工单位各保存一份。

电梯层门安全装置检查试验记录 表 C6-50										编　号		09-C6-50-×××	
工程名称			北京××大厦							日　期		20××年××月××日	
层、站、门		22/22/22	开门方式	中分☑ 旁开□		开门宽度 B（mm）		900		门扇数		22	
门锁装置铭牌 制造厂名称			苏州科达液压电梯有限公司						有效期至			20××年××月××日	
型式试验标志 及试验单位			国家电梯质量监督检验中心										

层站	开门时间（s）	关门时间（s）	联锁安全触点				啮合长度（mm）		自闭功能		关门阻止力（N）	紧急开锁装置	层门地坎护脚板
			左1	左2	右1	右2	左	右	左	右			
1	1.5	2.5	✓		✓		8		✓	✓	100	✓	✓
2	1.5	3.0	✓		✓		7.5		✓	✓	115	✓	✓
3	2.0	3.0	✓		✓		7.5		✓	✓	120	✓	✓
4	1.5	2.5	✓		✓		8.5		✓	✓	110	✓	✓
5	1.5	2.5	✓		✓		8.5		✓	✓	100	✓	✓
6	2.0	3.2	✓		✓		7.5		✓	✓	110	✓	✓
7	2.0	3.2	✓		✓		8		✓	✓	105	✓	✓
8	1.5	2.5	✓		✓		9		✓	✓	100	✓	✓
9	2.0	3.0	✓		✓		8.5		✓	✓	120	✓	✓
10	2.0	3.2	✓		✓		7.5		✓	✓	110	✓	✓
11	1.5	3.0	✓		✓		8.5		✓	✓	100	✓	✓
12	1.5	2.5	✓		✓		8		✓	✓	100	✓	✓
13	2.0	3.0	✓		✓		7.5		✓	✓	115	✓	✓
14	1.5	3.0	✓		✓		7.5		✓	✓	120	✓	✓
15	1.5	2.5	✓		✓		8.5		✓	✓	110	✓	✓
16	2.0	2.5	✓		✓		8.5		✓	✓	100	✓	✓
17	2.0	3.2	✓		✓		7.5		✓	✓	110	✓	✓
18	1.5	3.2	✓		✓		8		✓	✓	105	✓	✓
19	1.5	2.5	✓		✓		9		✓	✓	100	✓	✓
20	1.5	2.5	✓		✓		8		✓	✓	100	✓	✓
21	2.0	3.0	✓		✓		7.5		✓	✓	115	✓	✓
22	1.5	3.0	✓		✓		7.5		✓	✓	120	✓	✓
标准	≤4.3s		每扇门齐全可靠				≥7mm		灵活可靠		≤150N	安全可靠	平整光滑

开门宽度 mm		B≤800	800<B≤1000		1000<B≤1100		1100<B≤1300	
中分	开关门	3.2s	4.0s		4.3s		4.9s	
旁开	时间≤	3.7s	4.3s		4.9s		5.9s	

签字栏	建设（监理）单位	安装单位	北京××机电安装有限责任公司	
		专业技术负责人	专业质检员	专业工长
	孙××	范××	宋××	姜××

本表由施工单位填写，建设单位、施工单位、城建档案馆各保存一份。

电梯电气安全装置检验记录 表 C6-51		编 号	09-C6-51-××
施工名称	北京××大厦	日 期	20××年××月××日

序	检验项目	检验内容及其规范标准要求	检查结果
1	电源主开关	位置合理、容量适中、标志易识别	符合规范要求
2	断相、错相保护装置	断任一相电或错相，电梯停止，不能启动	符合规范要求
3	上、下限位开关	轿厢越程＞50mm 时起作用	80mm
4	下、下极限开关	轿厢或对重撞缓冲器之前起作用	符合规范要求
5	上、下强迫缓速装置	位置符合产品设计要求，动作可靠	符合规范要求
6	停止装置（安全、急停开关）	机房、底坑、轿顶进入位置≤1m，红色、停止	0.5mm，红色
7	检修运行开关	轿顶优先、易接近、双稳态、防误操作	符合规范要求
8	紧急电动运行开关（机房内）	防误操作按钮、标明方向、直观主机位置	符合规范要求
9	开、关门和运行方向接触器	机械或电气联锁动作可靠	符合规范要求
10	限速器电气安全装置	动作速度之前、同时（额定速度115％时）	符合规范要求
11	安全钳电气安全装置	在安全钳动作以前或同时，使电动机停转	符合规范要求
12	限速绳断裂、松弛保护装置	张紧轮下落大于 50mm 时	65mm
13	轿厢位置传递装置的张紧度	钢带（钢丝绳，链条）断裂或松弛时	—
14	耗能型缓冲器复位保护	缓冲器被压缩时，安全触点强迫断开	符合规范要求
15	轿厢安全窗安全门锁闭状况	如锁紧失效，应使电梯停止	—
16	轿厢自动门撞击保护装置	安全触板、光电保护、阻止关门力≤150N	符合规范要求
17	轿门的锁闭状况及关闭位置	安全触点，位置正确，无论是正常、检修或紧急电动操作均不能造成开门运行	符合规范要求
18	层门的锁闭状况及关闭位置		
19	补偿绳的张紧度及防跳装置	安全触点检查，动作时电梯停止运行	符合规范要求
20	检修门，井道安全门	不得朝井道内开启，关闭时，电梯才可能运行	符合规范要求
21	消防专用开关	返基站、开门、解除应答、运行、动作可靠	符合规范要求

签字栏	建设（监理）单位	安装单位	北京××机电安装有限责任公司	
		专业技术负责人	专业质检员	专业工长
		孙××	范××	宋××	姜××

本表由施工单位填写，建设单位、施工单位各保存一份。

电梯整机功能检验记录 表 C6-52		编　号	09-C6-52-×××		
工程名称		北京××大厦	日　期	20××年××月××日	

项目		试验条件及其规范标准要求	检验结果
无故障运行		轿厢分别出空载、50%额定载荷和额定载荷三种工况，通电持续率40%，到达全行程范围，按120次/h，每天不少于8h，各启动、制动运行1000次。电梯应运行平稳，制动可靠，连续运行无故障	符合规范要求
		制动器线圈温升、减速器油温升不超过60K，其温度超过85℃，电动机温升超过GB 12974的规定。电动机、风机运行正常	符合规范要求
		曳引机除蜗杆轴伸出端渗漏油面积平均每小时不超过150cm²外，其余各处不得渗漏油	符合规范要求
超载运行		断开超载控制电路，电梯在110%额定载荷，通电持续率40%情况下，到达全行程范围。启动、制动运行30次，电梯应能可靠地启动、运行和停止（平层不计），曳引机工作正常	符合规范要求
曳引检查		电梯空载上行至端站及125%额定载荷下行至端站，分别停层3次出上，轿厢应可靠制停，在超载下行时切断供电，轿厢应被可靠制动	符合规范要求
		当对重压在缓冲器上时，空载轿厢不能被曳引绳提升起	符合规范要求
		当轿厢面积不能限制额定载荷时，需用150%额定载荷做曳引静载检查，历时10min，曳引绳无打滑现象	符合规范要求
安全钳装置		对瞬时式安全钳装置，轿厢应有均匀分布的额定载重量，以检修速度下行按GB/T 10059—1997中第4.2条的要求进行试验	—
		对渐进式安全钳装置，轿厢应有均匀分布的125%额定载重量，以检修速度或平层速度下行按GB/T 10059—1997中第4.2条的要求进行试验	符合规范要求
缓冲试验		蓄能型缓冲器：轿厢以额定载重量减低速度或轿厢空载对重装置分别对各自的缓冲器静压5min后脱离，缓冲器应恢复正常位置	—
		耗能型缓冲器：轿厢和对重装置分别以检修速度下降将缓冲器全压缩，从离开缓冲器瞬间起，缓冲器柱塞复位时间不大于120s	符合规范要求
签字栏	建设（监理）单位	安装单位	北京××机电安装有限责任公司	
		专业技术负责人	专业质检员	专业工长
		孙××	范××	宋××	姜××

本表由施工单位填写，建设单位、施工单位、城建档案馆各保存一份。

电梯主要功能检验记录 表C6-53		编　号	09-C6-53-××
工程名称	北京××大厦	日　期	20××年××月××日

序号	检验项目	检验内容及其规范标准要求	检查结果
1	基站启用、关闭开关	专用钥匙，运行、停止转换灵活可靠	符合规范要求
2	工作状态选择开关	操纵盘上司机、自动、检修钥匙开关，可靠	符合规范要求
3	轿内照明、通风开关	功能正确、灵活可靠、标识清晰	符合规范要求
4	轿内应急照明	自动充电，电源故障时自动接通，大于1W/h	符合规范要求
5	本层厅外开门	按电梯停在某层的召唤按钮，应开门	符合规范要求
6	自动定向	按先入为主原则，自动确定运行方向	符合规范要求
7	轿内指令记忆	有多个选层指令时，电梯按顺序逐一停靠	符合规范要求
8	呼梯记忆、顺向截停	记忆厅外全部召唤信号，按顺序停靠应答	符合规范要求
9	自动换向	全部顺向指令完成后，自支应答反向指令	符合规范要求
10	轿内选层信号优先	完成最后指令在门关闭前轿内优先登记定向	符合规范要求
11	自动关门待客	完成全部指令后，电梯自动关门，时间4～10s	6s
12	提早关门	按关门按钮，门不经延时立即关门	符合规范要求
13	按钮开门	在电梯未启动前，按开门按钮，门打开	符合规范要求
14	自动返基站	电梯完成全部指令后，自动返基站	符合规范要求
15	司机直驶	司机状态，按直驶钮后，厅外召唤不能截车	符合规范要求
16	营救运行	电梯故障停在层间时，自动慢速就近平层	符合规范要求
17	满载、超载装置	满载时截车功能取消；超载时不能运行	符合规范要求
18	报警装置	应采用警铃、对讲系统、外部电话用应急电源	符合规范要求
19	最小负荷控制（防捣乱）	使空载轿厢运行最近层站后，消除登记信号	符合规范要求
20	门机断电手动开门	在开锁区，断电后，手扒开门的力不大于300N	260N
21	紧急电源停层装置	备用电源将电梯就近平层开门	—
22	集选、并联及机群控制	按产品设计程序试验	符合规范要求

签字栏	建设（监理）单位	安装单位	北京××机电安装有限责任公司	
		专业技术负责人	专业质检员	专业工长
	孙××	范××	宋××	姜××

本表由施工单位填写，城建档案馆、建设单位、施工单位各保存一份。

电梯负荷运行试验记录 表 C6-54				编 号		09-C6-54-××	

工程名称		北京××大厦		日 期		20××年××月××日	
电梯编号	C0105-22/22	层站	22/22	额定载荷（kg）	1000	额定速度（m/s）	1.5
电动机功率（kW）	15	电流（A）	35	额定转速（r/min）	1420	实测速度（m/s）	1.5
仪表型号		电流表：		电压表：		转速表：	

工况荷重		运行方向	电压（V）	电流（A）	电机转速（r/min）	轿厢速度（m/s）
%	kg					
0	0	上	382	4.0	1410	1.5
		下	382	23.0	1415	1.5
25（ ）	250	上	384	8.5	1415	1.5
		下	385	15.5	1415	1.5
40	400	上	382	6.5	1415	1.5
		下	382	14.5	1415	1.5
50	500	上	385	17.5	1420	1.5
		下	385	8.5	1420	1.5
75（ ）	750	上	384	15.5	1420	1.5
		下	385	6.5	1420	1.5
100	1000	上	384	16.0	1415	1.5
		下	385	8.5	1415	1.5
110	1100	上	385	20.0	1420	1.5
		下	385	5.2	1420	1.5

当轿内的载重量为额定载重量的50%下行至全行程中部时的速度不得大于额定速度的105%，且不得小于额定速度的92%（可测曳引绳线速度，或按GB/T 10059中公式5.1.2计算）。

注：仅测量电流，用于交流电动机；测量电流并同时测量电压，则用于直流电动机。

签字栏	建设（监理）单位	安装单位	北京××机电安装有限责任公司	
		专业技术负责人	专业质检员	专业工长
	孙××	范××	宋××	姜××

本表由施工单位填写，建设单位、施工单位、城建档案馆各保存一份。

电梯负荷运行试验曲线图 表 C6-55			编　号		09-C6-55-×××
工程名称	北京××大厦		安装单位		北京××机电安装有限责任公司
额定载荷 （kg）	1000	平衡系数 （%）	45	平衡载荷 （kg）	450

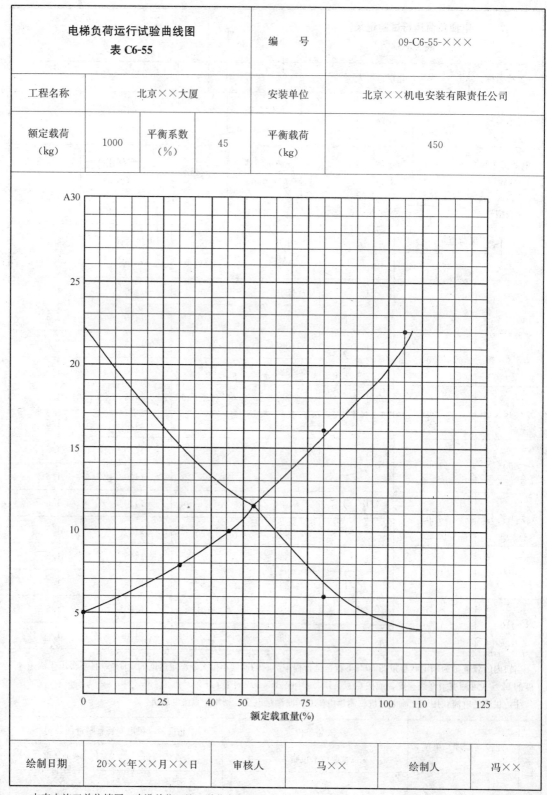

绘制日期	20××年××月××日	审核人	马××	绘制人	冯××

本表由施工单位填写，建设单位、施工单位各保存一份。

230

电梯噪声测试记录 表 C6-56						编 号			09-C6-56-×××		
工程名称		北京××大厦				安装单位		北京××机电安装有限责任公司			
声级计型号		HS-5633				计量单位		dB（A计权、快挡）			
机房（驱动主机）							轿厢内				
前	后	左	右	上		背景	上行	下行		背景	
74	73	74	75	74		56	48	49		48	
测试不少于3点标准值：合格≤80（含货梯）液压梯≤85							≤55（v≤2.5m/s时≤60）				

层站	轿厢门			层站门			层站	轿厢门			层站门		
	开门	关门	背景	开门	关门	背景		开门	关门	背景	开门	关门	背景
1	56dB	56dB	45dB	57dB	57dB	46dB	14	58dB	58dB	45dB	58dB	58dB	47dB
2	56dB	56dB	45dB	57dB	57dB	48dB	15	55dB	58dB	46dB	58dB	56dB	47dB
3	58dB	56dB	45dB	58dB	58dB	47dB	16	56dB	55dB	45dB	58dB	56dB	47dB
4	58dB	56dB	45dB	58dB	58dB	47dB	17	55dB	56dB	45dB	56dB	57dB	48dB
5	55dB	58dB	46dB	58dB	56dB	47dB	18	58dB	55dB	45dB	57dB	56dB	47dB
6	56dB	55dB	45dB	58dB	56dB	47dB	19	58dB	58dB	45dB	58dB	58dB	47dB
7	55dB	56dB	45dB	56dB	57dB	48dB	20	55dB	58dB	46dB	58dB	56dB	47dB
8	58dB	55dB	45dB	57dB	56dB	47dB	21	56dB	55dB	45dB	56dB	56dB	47dB
9	58dB	58dB	45dB	58dB	58dB	47dB	22	55dB	56dB	45dB	56dB	57dB	48dB
10	55dB	58dB	46dB	58dB	56dB	47dB							
11	56dB	55dB	45dB	58dB	56dB	47dB							
12	55dB	56dB	45dB	56dB	57dB	48dB							
13	58dB	55dB	45dB	57dB	56dB	47dB							

标准值：合格≤65dB	
备注	各部位噪声测试均取最大值。轿厢内测试不含风机噪声。 背景噪声应比测试对象至少低10dB（A），如不能满足时，按GB/T 10059中表1修正。
测试日期	20××年××月××日 审核人 李×× 测试人 宋××

本表由施工单位填写，建设单位、施工单位各保存一份。

自动扶梯、自动人行道安全装置检验记录 表C6-57		编　号	09-C6-57-×××
施工名称	北京××大厦	日　期	20××年××月××日

序	检验项目	检验内容及其规范标准要求	检查结果
1	一般要求	各种安全装置应固定可靠，但不得焊接固定，不得因正常运行的振动使开关产生位移、损坏或误动作	符合规范要求
		安全装置应直接作用在控制驱动主机供电的设备上，应能防止驱动主机启动或立即使其停止运行，工作制动器应制动	符合规范要求
		安全装置断开的动作必须通过安全触点或安全电路来完成	符合规范要求
2	断、错相保护	当电源断任一相电或错相、或三相电不平衡严重时	符合规范要求
3	电动机短路过载保护	手动复位的自动开关能切断正常使用的最大电流；当过载检测绕组温升，断路器可在绕组冷却后自动闭合	符合规范要求
4	超速保护	当超过额定速度120％时，检查有无该装置及出厂调整数值；如驱动装置不是摩擦的，且转差率不超过10％，则可不用该保护	符合规范要求
5	非操纵逆转保护	正常运行未经任何操作，梯级、踏板或胶带自行改变规定运行方向时	符合规范要求
6	停止开关	设在出入口附近，明显易接近，应为红色，标有"停止"字样。应为手动断开、闭合形式，具有清晰、永久的转换位置标记	符合规范要求
		当驱动和转向站内配备符合GB 16899中第13.4条规定的主开关时，则可不在驱动和转向站内设停止开关	
7	附加急停装置的设置	当自动扶梯提升高度>12m时，其开关间距应≤15m	—
		当自动人行道运行长度>40m时，其开关间距应≤40m	—
8	扶手带保护	当手指或异物带入扶手带入口护罩时	符合规范要求
9	梳齿板保护	当梯级、踏板或胶带进入梳齿板处有异物夹住时	符合规范要求
10	驱动装置断裂保护	当驱动元件（如链条或齿条）断裂或过分伸长时；驱动装置与转向装置之间的距离无意性缩短时	符合规范要求
11	梯级、踏板下陷保护	保护开关设在梳齿相交线之间，大于该梯的最大制停距离，以保证下陷的梯级或踏板不能到达梳齿相交线	符合规范要求
12	围裙板保护	当异物夹入梯级或踏板与围裙板间，阻力超允许值时	符合规范要求
13	扶手带破断保护	当扶手带破断或拉长超允许值时。仅用于公共交通型，且没有扶手带破断强度≥25kN试验证明时	符合规范要求
14	主驱动链断裂保护	设防护罩，当驱动链条断裂或拉长时	符合规范要求
15	三角皮带松断保护	至少用三条，并设防护罩，当任一皮带断裂或拉长时	符合规范要求
16	附加制动器	当超过额定速度140％，或改变规定运行方向时	—

自动扶梯、自动人行道安全装置检验记录 表 C6-57		编　号		09-C6-57-×××	
施工名称		北京××大厦	日　期	20××年××月××日	
序	检验项目	检验内容及其规范标准要求			检查结果
17	工作制动器	制动系统在动作过程中应无故意的延迟现象。在制动时应有匀减速过程，直到保持停止状态			符合规范要求
		制动器的供电应有两套独立且串联的电气装置来实现，如停车后，其中任一套电气装置未能断开，则重新启动是不可能的			符合规范要求
		机-电式制动器应是持续通电来保持正常释放，在动力电源或控制电路断开后，制动器应立即制动			符合规范要求
		能用手打开的制动器应用手的持续力使其保持松开状态			符合规范要求
18	梯级轮保护	当任一梯级轮破损时，在到达梳齿前应停止			符合规范要求
19	弯曲部导轨安全装置	当异物在上部或下部夹入两梯级间阻力超允许时			符合规范要求
20	检修控制装置	在驱动、转向站和桁架内均应设检修控制插座，并应能使检修控制装置达到自动扶梯或自动人行道的任何位置			符合规范要求
		检修装置的连接软电缆应≥3m，并设有双稳态停止开关，只有持续按压操作元件时，才能运转。各开关应有明显的识别标记			符合规范要求
		当使用检修装置时，其他所有启动开关都应不起作用，安全回路和安全开关应仍起有效作用			符合规范要求
		当一个以上检修装置连接时，或都不起作用，或需要同时都启动才能起作用			符合规范要求
21	自控装置	运行方向应预先确定，应有明显清晰的标识。在使用者走到梳齿相交线之前启动运行			符合规范要求
		如使用者从与预定运行方向相反的方向进入时，当走到梳齿相交线之前，仍应按预定方向启动，运行时间应≮10s			12s
		自动停止运行至少为预期乘客输送时间再加上 10s 以后			90s
		在两端梳齿交叉线再加 0.3m 的附加距离之间，应对梯级、踏板或胶带进行监控，当这个区域内没有人和物时，自动再启动的重复使用才是有效的			符合规范要求
		在自动控制装置作用过程中，各电气安全装置仍可靠有效			符合规范要求
签字栏	建设（监理）单位	安装单位		北京××机电安装有限责任公司	
		专业技术负责人	专业质检员		专业工长
	孙××	范××	宋××		姜××

本表由施工单位填写，建设单位、施工单位各保存一份。

	自动扶梯、自动人行道整机性能、 运行试验记录 表 C6-58		编　号	09-C6-58-×××
	工程名称	北京××大厦	日　期	20××年××月××日

序	检查内容及标准规定要求			检查结果
1	在额定频率和额定电压下，梯级、踏板或胶带的空载运行速度与额定速度之间的允许偏差为±5％			0.49m/s
2	扶手带的运行速度相对于梯级、踏板或胶带的速度允许偏差为0～+2％			0.5m/s
3	空载运行，梯级、踏板或胶带及出入口盖板上1m处所测的噪声值应≤68dB（A）			46dB
4	空载和有载下行的制动停止距离应在下列范围内：			
	额定速度（m/s）	制停距离范围（m）	实测（m）	符合规范要求
	0.50	0.20～1.00	0.5	
	0.65	0.30～1.30	—	
	0.75	0.35～1.50	—	
	0.90	0.40～1.70 （自动人行道）	—	
	若额定速度在上述数值之间，制动停止距离用插入法计算；制动停止距离应从电气制动装置动作时开始测量			符合规范要求
5	各连接件、紧固件无松动、无异常响声，运行平稳；所有梯级、踏板或胶带应顺利通过梳齿板，与围裙板无刮碰现象；相邻梯级踏板与踢板的啮合过程无摩擦			符合规范要求
6	空载情况下，连续上下运行2h，电动机、减速器温升≤60K，油温≤85℃，各部件运行正常，不得有任何故障发生			温升32K，油温45℃
	手动或自动加油装置应油量适中，工作正常			符合规范要求
7	功能试验应根据制造厂提供的功能表进行，应齐全可靠			符合规范要求
8	扶手带材质应耐腐蚀，外表面应光滑平整，无刮痕，无尖锐物外露			符合规范要求
9	对梯级（踏板或胶带）、梳齿板、扶手带、护壁板、围裙板、内外盖板、前沿板及活动盖板等部位的外表面应清理			外表面清理干净

签字栏	建设（监理）单位	安装单位	北京××机电安装有限责任公司	
		专业技术负责人	专业质检员	专业工长
	孙××	范××	宋××	姜××

本表由施工单位填写，建设单位、施工单位、城建档案馆各保存一份。

第七章
建筑工程竣工技术资料

第一节　建筑工程竣工图的相关知识

建筑工程竣工图是建筑工程竣工档案的重要组成部分，是工程建设完成后主要凭证性材料，是建筑物真实的写照，是工程竣工验收的必备条件，是工程维修、管理、改建和扩建的技术依据。各项新建、改建、扩建项目均必须绘制竣工图。

竣工图绘制工作应由建设单位负责，也可由建设单位委托施工单位、监理单位或设计单位。

一、编制要求

（1）凡按施工图施工没有变动的，由竣工图编制单位在施工图图签附近空白处加盖并签署"竣工图"章。

（2）凡一般性图纸变更，编制单位可根据设计变更依据，在施工图上直接改绘，并加盖及签署"竣工图"章。

（3）凡结构形式、工艺流程、平面布置、项目等重大改变及图面变更超过40％的，应重新绘制竣工图。重新绘制的图纸必须有图名和图号，图号可按原图编号。

（4）编制竣工图必须编制各专业竣工图的图纸目录，绘制的竣工图必须准确、清楚、完整、规范，修改必须到位，真实反映项目竣工验收时的实际情况。

（5）用于改绘竣工图的图纸必须是新蓝图或绘图仪绘制的白图，不得使用复印的图纸。

（6）竣工图编制单位应按照国家建筑制图规范要求绘制竣工图，使用绘图笔或签字笔及不褪色的绘图墨水。

二、主要内容

（1）竣工图应按单位工程，并根据专业、系统进行分类和整理。

（2）竣工图包括以下内容：

工艺平面布置图等竣工图；

建筑竣工图、幕墙竣工图；

结构竣工图、钢结构竣工图；

建筑给水排水与采暖竣工图；

燃气竣工图；

建筑电气竣工图；

智能建筑竣工图（综合布线、保安监控、电视天线、火灾报警、气体灭火等）；

通风空调竣工图；

地上部分的道路、绿化、庭院照明、喷泉、喷灌等竣工图；

地下部分的各种市政、电力、电信管线等竣工图。

三、竣工图类型及绘制

1. 竣工图的类型

（1）利用施工蓝图改绘的竣工图。

（2）在二底图上修改的竣工图。

（3）重新绘制的竣工图。

（4）用 CAD 绘制的竣工图。

2. 竣工图绘制要求

（1）利用施工蓝图改绘的竣工图

在施工蓝图上一般采用杠（划）改、叉改法，局部修改可以圈出更改部位，在原图空白处绘出更改内容，所有变更处都必须引画索引线并注明更改依据。

在施工图上改绘，不得使用涂改液涂抹、刀刮、补贴等方法修改图纸。

具体的改绘方法可视图面、改动范围和位置、繁简程度等实际情况而定，以下是常见改绘方法的说明。

1）取消的内容

①尺寸、门窗型号、设备型号、灯具型号、钢筋型号和数量、注解说明等数字、文字、符号的取消，可采用杠改法，即将取消的数字、文字、符号等用横杠杠掉（不得涂抹掉），从修改的位置引出带箭头的索引线，在索引线上注明修改依据，即"见×号洽商×条"，也可注明"见×年×月×日洽商×条"。

②隔墙、门窗、钢筋、灯具、设备等取消，可用叉改法，即在图上将取消的部分打"×"，在图上描绘取消的部分较长时，可视情况打几个"×"，达到表示清楚为准，并从图上修改处用箭头索引线引出，注明修改依据。

2）增加的内容

①在建筑物某一部位增加隔墙、门窗、灯具、设备、钢筋等，均应在图上的实际位置用规范制图方法绘出，并注明修改依据。

②如增加的内容在原位置绘不清楚时，应在本图适当位置（空白处）按需要补绘大样图，并保证准确、清楚，如本图上无位置可绘时，应另用硫酸纸绘补图并晒成蓝图或用绘图仪绘制白图后附在本专业图纸之后，注意在原修改位置和补绘图纸上均应注明修改依据，补图要有图名和图号。

3）内容变更

①数字、符号、文字的变更，可在图上用杠改法将取消的内容杠去，在其附近空白处增加更正后的内容，并注明修改依据。

②设备配置位置、灯具、开关型号等变更引起的改变；墙、板、内外装修等变化……均应在原图上改绘。

③当图纸某部位变化较大或在原位置上改绘有困难，或改绘后杂乱无章，可以采用以下办法改绘：

a. 画大样改绘。在原图上标出应修改部位的范围后，在需要修改的图纸上绘出修改部位的大样图，并在原图改绘范围和改绘的大样图处注明修改依据。

b. 另绘补图修改。如原图纸无空白处，可把应改绘的部位用硫酸纸绘制补图并晒成蓝图后，作为竣工图纸，补在本专业图纸之后，具体做法为：在原图纸上画出修改范围，并注明修改依据和见某图（图号）及大样图名；在补图上注明图号和图名，并注明是某图（图号）某部位的补图和修改依据。

c. 个别蓝图需重新绘制竣工图。如果某张图纸修改不能在原蓝图上修改清楚，应重新绘制整张图作为竣工图，重绘的图纸应按国家制图标准和绘制竣工图的规定制图。

4）加写说明

凡设计变更、洽商的内容应当在竣工图上修改的，均应用绘图方法改绘在蓝图上，不再加写说明，如果修改后的图纸仍然有内容无法表示清楚，可用精炼的语言适当加以说明。

①图上某一种设备、门窗等型号的改变，涉及多处修改时，要对所有涉及的地方全部加以改绘，其修改依据可标注在一个修改处，但需在此处做简单说明。

②钢筋的代换，混凝土强度等级改变，墙、板、内外装修材料的变化，由建设单位自理的部分等在图上修改难以用作图方法表达清楚时，可加注或用索引的形式加以说明；

③凡涉及说明类型的洽商，应在相应的图纸上使用设计规范用语反映洽商内容。

5）注意事项

①施工图纸目录必须加盖"竣工图"章，作为竣工图归档，凡有作废、补充、增加和修改的图纸，均应在施工图目录上标注清楚，即作废的图纸在目录上杠掉，补充的图纸在目录上列出图名、图号。

②如果施工图改变量大，设计单位重新绘制了修改图的，应以修改图代替原图，原图不再归档。

③凡是洽商图作为竣工图，必须进行必要的制作；如洽商图是按正规设计图纸要求进行绘制的，可直接作为竣工图，但需统一编写图名、图号，并加盖"竣工图"章，作为补图（并在说明中注明是哪张图、哪个部位的修改图，还要在原图修改部位标注修改范围），并标明见补图的图号；

如洽商图未按正规设计要求绘制，均应按制图规定另行绘制竣工图，其余要求同上。

④某一条洽商可能涉及两张或两张以上图纸，某一局部变化可能引起系统变化……，凡涉及的图纸和部位均应按规定修改，不能只改其一，不改其二。

（再如，一个标高的变动，可能在平、立、剖、局部大样图上都要涉及，均应改正）

⑤不允许将洽商的附图原封不动地贴在或附在竣工图上作为修改，也不允许将洽商的内容抄在蓝图上作为修改，凡修改的内容均应改绘在蓝图上或做补图附在图纸之后。

⑥根据规定须重新绘制竣工图时，应按绘制竣工图的要求制图。

⑦改绘注意事项：

a. 修改时，字、线、墨水使用的规定：

字：采用仿宋字，字体的大小要与原图采用字体的大小相协调，严禁错、别、草字。

线：一律使用绘图工具，不得徒手绘制。

b. 施工蓝图的规定：

图纸反差要明显，以适应缩微等技术要求，凡旧图、反差不好的图纸，不得作为改绘用图，修改的内容和有关说明，均不得超过原图框。

（2）在二底图上修改的竣工图

1）用设计底图或施工图制成二底（硫酸纸）图，在二底图上依据设计变更、工程洽商内容用刮改法进行绘制，即用刀片将需要更改部位刮掉，再用绘图笔绘制修改内容，并在图中空白处做一修改备考表，注明变更、洽商编号（或时间）和修改内容。

修改备考表如下表所示：

变更、洽商编号（或时间）	内容（简要提示）

2）修改的部位用语言描述不清楚时，也可用细实线在图上画出修改范围。

3）以修改后的二底图或蓝图作为竣工图，要在二底图或蓝图上加盖，"竣工图"章；没有改动的二底图转作竣工图也要加盖"竣工图"章。

4）如果二底图修改次数较多，个别图面可能出现模糊不清等技术问题，必须进行技术处理或重新绘制，以期达到图面整洁、字迹清楚等质量要求。

（3）重新绘制的竣工图

根据工程竣工现状和洽商记录绘制竣工图，重新绘制竣工图要求与原图比例相同，符合制图规范，有标准的图框和内容齐全的图签，图签中应有明确的"竣工图"字样或加盖"竣工图"章。

（4）用CAD绘制的竣工图

在电子版施工图上，依据设计变更、工程洽商的内容进行修改，修改后用原图圈出修改部位，并在图中空白处做一修改备考表，表示要求同（2）要求。同时，图签上必须有原设计人员签字。

四、"竣工图"章

（1）"竣工图"章应具有明显的"竣工图"字样，并包括编制单位名称、制图人、审核人和编制日期等基本内容。编制单位、制图人、审核人、技术负责人要对竣工图负责。

"竣工图"章内容、尺寸如下图所示。

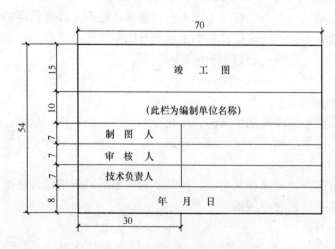

（2）所有竣工图应由编制单位逐张加盖、签署"竣工图"章。"竣工图"章中签名必须齐全，不得代签。

（3）凡由设计院编制的竣工图，其设计图签中必须明确竣工阶段，并由绘制人和技术负责人在设计图签中签字。

（4）"竣工图"章应加盖在图签附近的空白处。

（5）"竣工图"章应使用不褪色的红色或蓝色印泥。

第二节　建筑工程技术资料的组卷

一、质量要求

（1）工程资料应真实反映工程的实际状况，具有永久和长期保存价值的材料必须完整、准确和系统。

（2）工程资料应使用原件，因各种原因不能使用原件的，应在复印件上加盖原件存放单位公章，注明原件存放处，并有经办人签字及时间。

（3）工程资料应保证字迹清晰，签字、盖章手续齐全，签字必须使用档案规定用笔。计算机形成的工程资料应采用"内容打印，手工签名"的方式。

（4）施工图的变更、洽商返图应符合技术要求。凡采用施工蓝图改绘竣工图的，必须使用反差明显的蓝图，竣工图图面应整洁。

（5）工程档案的填写和编制，应符合档案缩微管理和计算机输入的要求。

（6）工程档案的缩微制品，必须按国家缩微标准进行制作，主要技术指标（解像力、密度、海波残留量等）应符合国家标准规定，保证质量，以适应长期安全保管。

（7）工程资料的照片（含底片）及声像档案，应图像清楚、声音清楚、文字说明或内容准确。

二、载体形式

1. 工程资料可采用以下两种载体形式：

（1）纸质载体；

（2）光盘载体。

2. 工程档案可采用以下三种载体形式：

（1）纸质载体；

（2）缩微品载体；

（3）光盘载体。

3. 纸质载体和光盘载体的工程资料应在过程中形成、收集和整理，包括工程音像资料。

4. 缩微品载体的工程档案

（1）在纸质载体的工程档案经城建档案馆和有关部门验收合格后，应持城建档案馆发给的准许缩微证明书进行缩微，证明书包括案卷目录、验收签章、城建档案馆的档号、胶片代数、质量要求等，并将证书缩拍在胶片"片头"上。

（2）报送"缩微制品载体"工程档案的种类和数量，一般要求报送三代片，即：

1）第一代（母片）卷片一套，作长期保存使用；

2）第二代（拷贝片）卷片一套，作复制工作使用；

3）第三代（拷贝片）卷片或者开窗卡片、卦套片、平片，作提供日常利用（阅读或复原）使用。

（3）向城建档案馆移交的缩微卷片、开窗卡片、封套片、平片必须按城建档案馆的要求进行标注。

5. 光盘载体的电子工程档案

（1）纸质载体的工程档案经城建档案馆和有关部门验收合格后，进行电子工程档案的核查，核查无误后，进行电子工程档案的光盘刻制。

（2）电子工程档案的封套、格式必须按城建档案馆的要求进行标注。

三、组卷要求

1. 组卷的质量要求

（1）组卷前应保证基建文件、监理资料和施工资料齐全、完整。

（2）编绘的竣工图应反差明显、图面整洁、线条清晰、字迹清楚，能满足缩微和计算机扫描的要求。

（3）文字材料和图纸不满足质量要求的一律返工。

2. 组卷的基本原则

（1）建设项目应按单位工程组卷。

（2）工程资料应按照不同的收集、整理单位及资料类别，按基建文件、监理资料、施工资料和竣工图分别进行组卷。

（3）卷内资料排列顺序应依据卷内资料构成而定，一般顺序为封面、目录、资料部分、备考表和封底。组成的案卷应美观、整齐。

（4）案卷不宜过厚，一般不超过 40mm。案卷内不应有重复资料。

3. 组卷的具体要求（以北京市建筑工程资料为例）

（1）基建文件组卷。基建文件可根据类别和数量的多少组成一卷或多卷，如工程决策立项文件卷，征地拆迁文件卷，勘察、测绘与设计文件卷，工程开工文件卷，商务文件卷，工程竣工验收与备案文件卷等。同一类基建文件还可根据数量多少组成一卷或多卷。

（2）监理资料组卷。监理资料可根据资料类别和数量多少组成一卷或多卷。

（3）施工资料组卷。施工资料组卷应按照专业、系统划分，每一专业、系统再按照资料类别从 C1 至 C7 顺序排列，并根据资料数量多少组成一卷或多卷。

对于专业化程度高，施工工艺复杂，通常由专业分包施工的子分部（分项）工程应分别单独组卷，如有支护土方、地基（复合）、桩基、预应力、钢结构、木结构、网架（索膜）、幕墙、供热锅炉、变配电室和智能建筑工程的各系统，应单独组卷的子分部（分项）工程按照 C1~C7 顺序排列，并根据资料数量的多少组成一卷或多卷。

（4）竣工图组卷。竣工图应按专业进行组卷。可分为工艺平面布置竣工图卷、建筑竣工图卷、结构竣工图卷、给水排水及采暖竣工图卷、建筑电气竣工图卷、智能建筑竣工图卷、通风空调竣工图卷、电梯竣工图卷、室外工程竣工图卷等，每一专业可根据图纸数量多少组成一卷或多卷。

（5）文字材料和图纸材料原则上不能混装在一个装具内，如资料材料较少，需放在一个装具内时，文字材料和图纸材料必须混合装订，其中文字材料排前，图样材料排后。

（6）单位工程档案总案卷数超过 20 卷的，应编制总目录卷。

4. 案卷页号的编写

（1）编写页号应以独立卷为单位。在案卷内资料材料排列顺序确定后，均以有书写内容的页面编写页号。

（2）每卷从阿拉伯数字1开始，用打号机或钢笔依次逐张连续标注页号，采用黑色、蓝色油墨或墨水。案卷封面、卷内目录和卷内备考表不编写页号。

（3）页号编写位置：单面书写的文字材料页号编写在右下角，双面书写的文字材料页号正面编写在右下角，背面编写在左下角。

（4）图纸折叠后无论何种形式，页号一律编写在右下角。

四、案卷规格与装订

1. 案卷规格

卷内资料、封面、目录、备考表统一采用A4幅（297mm×210mm）尺寸，图纸分别采用A0（841mm×1189mm）、A1（594mm×841mm）、A2（420mm×594mm）、A3（297mm×420mm）、A4（297mm×210mm）幅面。小于A4幅面的资料要用A4白纸（297mm×210mm）衬托。

2. 案卷装具

案卷采用统一规格尺寸的装具。外表尺寸为310mm（高）×220mm（宽），卷盒厚度尺寸分别为50mm、30mm二种，卷夹厚度尺寸为25mm；少量特殊的档案也可采用外表尺寸为310mm（高）×430mm（宽），厚度尺寸为50mm。案卷软（内）卷皮尺寸为297mm（高）×210mm（宽）。

3. 案卷装订

（1）文字材料必须装订成册，图纸材料可装订成册，也可散装存放。

（2）装订时要剔除金属物，装订线一侧根据案卷薄厚加垫草板纸。

（3）案卷用棉线在左侧三孔装订，棉线装订结打在背面。装订线距左侧20mm，上下两孔分别距中孔80mm。

（4）装订时，须将封面、目录、备考表、封底与案卷一起装订。图纸散装在卷盒内时，需将案卷封面、目录、备考表三件用棉线在左上角装订在一起。

第三节 建筑工程竣工技术资料的验收与移交

一、验收

（1）工程竣工验收前，各参建单位的主管（技术）负责人应对本单位形成的工程资料进行竣工审查；建设单位应按照国家验收规范规定和城建档案管理的有关要求，对勘察、设计、监理、施工单位汇总的工程资料进行验收，使其完整、准确。

（2）单位（子单位）工程完工后，施工单位应自行组织有关人员进行检查评定，合格后填写《单位工程竣工预验收报验表》，并附相应的竣工资料（包括分包单位的竣工资料）报项目监理部，申请工程竣工预验收。总监理工程师组织项目监理部人员与施工单位进行检查验收，合格后总监理工程师签署《单位工程竣工预验收报验表》。

（3）单位（子单位）工程竣工预验收通过后，应由建设单位（项目）负责人组织设计、监理、施工（含分包单位）等单位（项目）负责人进行单位（子单位）工程验收，形成《单位（子单位）工程质量竣工验收记录表》。当参加验收各方对工程质量验收意见不一致时，可请当地建设行政主管部门或工程质量监督机构协调处理。

（4）国家、市重点工程项目或大型工程项目的预验收和验收会，应有城建档案馆参加。

（5）属于城建档案馆接收范围的工程档案，还应由城建档案管理部门对工程档案资料进行预验收，并出具《建设工程竣工档案预验收意见》。

（6）凡列入城建档案馆接收范围的工程档案，经城建档案馆验收不合格的，应由城建档案馆责成建设单位重新进行编制，符合要求后重新报送。

二、移交

（1）施工、监理等有关单位应将工程资料按合同或协议约定的时间、套数移交给建设单位，办理移交手续。

（2）凡列入城建档案馆接收范围的工程档案，竣工验收通过后 3 个月内，建设单位将汇总后的全部工程档案移交城建档案馆并办理移交手续。推迟报送日期，应在规定报送时间内向城建档案馆申请延期报送，并申明延期报送原因，经同意后办理延期报送手续。

附录 A 建筑安装工程资料分类与归档保存表

类别编号	工程资料名称	表格编号	归档保存单位			
			施工	监理	建设	档案馆
C 类	施工资料					
施工管理资料 C1	施工现场质量管理检查记录	表 C1-1	●	●		
	施工日志	表 C1-2	●			
	工程技术文件报审表	表 C1-3	●	●		
	施工进度计划报审表	表 C1-4	○	●	○	
	工程动工报审表	表 C1-5	●	●	○	
	分包单位资质报审表	表 C1-6	○	●		
	（ ）月工、料、机动态表	表 C1-7	○	●		
	工程复工报审表	表 C1-8	○	●		
	（ ）月工程进度款报审表	表 C1-9	●	●	●	
	工程变更费用报审表	表 C1-10	●	●	●	
	费用索赔申请表	表 C1-11	●	●	●	
	工程款支付申请表	表 C1-12	●	●	●	
	工程延期申请表	表 C1-13	●	●	●	
	监理通知回复单	表 C1-14	○	●		
	建设工程质量事故调（勘）查笔录	表 C1-15	●	●	●	●
	建设工程质量事故报告书	表 C1-16	●	●	●	●
	试验计划		●	○		
	专业承包单位资质证书及相关专业人员岗位证书		○	○		
	见证记录		●	●	●	
施工技术资料 C2	施工组织设计及施工方案		●	○		
	技术交底记录	表 C2-1	●	○		
	图纸会审记录	表 C2-2	●	●	●	●
	设计变更通知单	表 C2-3	●	●	●	●
	工程变更洽商记录	表 C2-4	●	●	●	●
施工物资资料 C4	煤、水、电等计量设备检定证书		○	○	○	
	CCC 认证证书（国家规定的认证产品）		○	○	○	
	主要设备（仪器仪表）安装使用说明书		●	○	●	
	安全阀、减压阀等的定压证明文件		○	○	○	
	成品补偿器的预拉伸证明		○	○	○	
	气体灭火系统、泡沫灭火系统相关组件符合市场准入制度要求的有效证明文件		○	○	○	

245

类别编号	工程资料名称	表格编号	归档保存单位			
			施工	监理	建设	档案馆
施工物资资料 C4	智能建筑工程软件资料、程序结构说明、安装调试说明、使用和维护说明书		●	○	●	
	智能建筑工程主要设备安装、测试、运行技术文件		○	○	○	
	智能建筑工程安全技术防范产品的国家或行业授权的认证机构（或检测机构）认证（检测）合格认证证书		○	○	○	
	建筑工程中使用的各种产品应提供产品质量检测报告					
	给水管道材料卫生检测报告		○	○	○	
	卫生洁具环保检测报告		○	○	○	
	承压设备的焊缝无损探伤检测报告		○	○	○	
	自动喷水灭火系统的主要组件的国家消防产品质量监督检验中心检测报告		○	○	○	
	消防用风机、防火阀、排烟阀、排烟口的相应国家消防产品质量监督检验中心的检测报告		○	○	○	
	建筑工程使用的主要产品应提供产品的性能检测报告					
	钢材试验报告	表C4-6	●	○	●	
	国家规范标准中对物资进场有复试要求的均应有复试报告					
	材料、构配件进场检验记录	表C4-17	●	○	●	
	设备开箱检验记录（机电通用）	表C4-18	●	○	●	
	设备及管道附件试验记录（机电通用）	表C4-19	●	○	●	
施工记录 C5	隐蔽工程验收记录	表C5-1	●	○	●	
	交接检查记录	表C5-2	●	○	●	
	通风（烟）道检查记录	表C5-15	●	○	●	
	预应力筋张拉记录（一）、（二）	表C5-16	●	○	●	
	有粘结预应力结构灌浆记录	表C5-17	●	○	●	
	智能建筑工程安装质量检查记录	表C5-18	●	○	●	
	施工检查记录（通用）	表C5-19	●	○	●	
施工试验资料 C6	灌（满）水试验记录	表C6-15	●		●	
	强度严密性试验记录	表C6-16	●		●	
	通水试验记录	表C6-17	●		●	
	吹（冲）洗试验记录	表C6-18	●		●	
	通球试验记录	表C6-19	●		●	
	补偿器安装记录	表C6-20	●		●	
	消火栓试射记录	表C6-21	●		●	
	自动喷水灭火系统质量验收缺陷项目判定记录	表C6-22	●	○	●	

类别编号	工程资料名称	表格编号	归档保存单位			
			施工	监理	建设	档案馆
施工试验资料 C6	电气接地电阻测试记录	表 C6-23	●	○	●	
	电气防雷接地装置隐检与平面示意图	表 C6-24	●	○	●	
	电气绝缘电阻测试记录	表 C6-25	●	○	●	
	电气器具通电安全检查记录	表 C6-26	●	○	●	
	电气设备空载试运行记录	表 C6-27	●	○	●	
	建筑物照明通电试运行记录	表 C6-28	●	○	●	
	大型照明灯具承载试验记录	表 C6-29	●	○	●	
	高压部分试验记录		●	○	●	
	漏电开关模拟试验记录	表 C6-30	●	○	●	
	大容量电气线路结点测温记录	表 C6-31	●	○	●	
	避雷带支架拉力测试记录	表 C6-32	●	○	●	
	逆变应急电源测试试验记录	表 C6-33	●	○	●	
	柴油发电机测试试验记录	表 C6-34	●	○	●	
	低压配电电源质量测试记录	表 C6-35	●	○	●	
	监测与控制节能工程检查记录	表 C6-36	●	○	●	
	智能建筑工程设备性能测试记录	表 C6-37	●	○	●	
	综合布线系统工程电气性能测试记录	表 C6-38	●	○	●	
	建筑物照明系统照度测试记录	表 C6-39	●	○	●	
	通信网络系统程控电话交换系统自检测记录	表 C6-40	●	○	●	
	通信网络系统公共广播与紧急广播系统自检测记录	表 C6-41	●	○	●	
	通信网络系统会议电视系统自检测记录	表 C6-42	●	○	●	
	通信网络系统接入网设备安装工程自检测记录	表 C6-43	●	○	●	
	通信网络系统卫星数字电视系统自检测记录	表 C6-44	●	○	●	
	通信网络系统有线电视系统自检测记录	表 C6-45	●	○	●	
	信息网络系统计算机网络系统自检测记录	表 C6-46	●	○	●	
	信息网络系统网络安全系统自检测记录	表 C6-47	●	○	●	
	信息网络系统应用软件系统自检测记录	表 C6-48	●	○	●	
	建筑设备监控系统变配电系统自检测记录	表 C6-49	●	○	●	
	建筑设备监控系统电梯和自动扶梯系统自检测记录	表 C6-50	●	○	●	
	建筑设备监控系统给排水系统自检测记录	表 C6-51	●	○	●	
	建筑设备监控系统公共照明系统自检测记录	表 C6-52	●	○	●	

类别编号	工程资料名称	表格编号	归档保存单位			
			施工	监理	建设	档案馆
施工试验资料 C6	建筑设备监控系统空调与通风系统自检测记录	表 C6-53	●	○	●	
	建筑设备监控系统冷冻和冷却水系统自检测记录	表 C6-54	●	○	●	
	建筑设备监控系统热源和热交换系统自检测记录	表 C6-55	●	○	●	
	建筑设备监控系统数据通信接口系统自检测记录	表 C6-56	●	○	●	
	建筑设备监控系统系统实时性、可维护性、可靠性自检测记录	表 C6-57	●	○	●	
	建筑设备监控系统中央管理工作站及操作分站自检测记录	表 C6-58	●	○	●	
	火灾自动报警及消防联动系统自检测记录	表 C6-59	●	○	●	
	安全防范系统安全防范综合管理系统自检测记录	表 C6-60	●	○	●	
	安全防范系统出入口控制（门禁）系统自检测记录	表 C6-61	●	○	●	
	安全防范系统入侵报警系统自检测记录	表 C6-62	●	○	●	
	安全防范系统视频安防监控系统自检测记录	表 C6-63	●	○	●	
	安全防范系统停车场（库）管理系统自检测记录	表 C6-64	●	○	●	
	安全防范系统巡更管理系统自检测记录	表 C6-65	●	○	●	
	安全防范系统综合防护功能自检测记录	表 C6-66	●	○	●	
	综合布线系统性能自检测记录	表 C6-67	●	○	●	
	智能化系统集成系统集成可维护性和安全性自检测记录	表 C6-68	●	○	●	
	智能化系统集成系统集成网络连接自检测记录	表 C6-69	●	○	●	
	智能化系统集成系统集成综合管理及冗余功能自检测记录	表 C6-70	●	○	●	
	智能化系统集成系统数据集成及整体协调自检测记录	表 C6-71	●	○	●	
	电源与接地防雷与接地系统自检测记录	表 C6-72	●	○	●	
	电源与接地智能建筑电源自检测记录	表 C6-73	●	○	●	
	环境自检测记录	表 C6-74	●	○	●	
	住宅（小区）智能化系统火灾自动报警及消防联动系统自检测记录	表 C6-75	●	○	●	

类别编号	工程资料名称	表格编号	归档保存单位			
			施工	监理	建设	档案馆
施工试验资料 C6	住宅（小区）智能化系统安全防范系统自检测记录	表C6-76	●	○	●	
	住宅（小区）智能化系统室外设备及管网自检测记录	表C6-77	●	○	●	
	住宅（小区）智能化系统物业管理系统自检测记录	表C6-78	●	○	●	
	住宅（小区）智能化系统智能家庭信息平台自检测记录	表C6-79	●	○	●	
	智能系统试运行记录	表C6-80	●	○	●	
	智能建筑工程分项工程质量检测记录表		●	○	●	
	智能建筑工程子系统检测记录表		●	○	●	
	智能建筑工程强制措施条文检测记录		●	○	●	
	智能建筑工程系统（分部工程）检测汇总表		●	○	●	
	风管漏光检测记录	表C6-81	●	○	●	
	风管漏风检测记录	表C6-82	●	○	●	
	现场组装除尘器、空调机漏风检测记录	表C6-83	●	○	●	
	各房间室内风量温度测量记录	表C6-84	●	○	●	
	管网风量平衡记录	表C6-85	●	○	●	
	空调系统试运转调试记录	表C6-86	●	○	●	
	空调水系统试运转调试记录	表C6-87	●	○	●	
	制冷系统气密性试验记录	表C6-88	●	○	●	
	净化空调系统测试记录	表C6-89	●	○	●	
	防排烟系统联合试运行记录	表C6-90	●	○	●	
	设备单机试运转记录（机电通用）	表C6-91	●	○	●	
	系统试运转调试记录（机电通用）	表C6-92	●	○	●	
	施工试验记录（通用）	表C6-93	●	○	●	
	国家规范标准中规定的试验项目应有试验报告					
过程验收资料 C7	检验批质量验收记录表	表C7-4	●	○	●	
	分项工程质量验收记录表	表C7-5	●	○	●	
	分部（子分部）工程验收记录表	表C7-6	●	●	●	●
竣工质量验收资料 C8	单位（子单位）工程质量竣工验收记录	表C8-1	●	●	●	●
	单位（子单位）工程质量控制资料核查记录	表C8-2	●	●	●	●
	单位（子单位）工程安全和功能检查资料核查及主要功能抽查记录	表C8-3	●	●	●	●

类别编号	工程资料名称	表格编号	归档保存单位			
			施工	监理	建设	档案馆
竣工质量验收资料 C8	单位（子单位）工程观感质量检查记录	表 C8-4	●	●	●	●
	单位工程竣工预验收报验表	表 C8-5	●	●		
	室内环境检测报告		●	●	●	●
	工程竣工质量报告		●	●	●	●
	建筑节能工程现场实体检验报告		●	●	●	●
	智能建筑工程资料审查		●	●	●	
	智能建筑工程竣工验收结论汇总		●	●	●	
	工程概况表	表 C8-6	●	●	●	●
D 类	竣工图		●		●	●

注：1. ●为归档保存资料；○为过程控制保存资料，可根据需要归档保存。

　　2. 国家大型重点重大工程，城建档案馆可根据需要增加归档保存的内容。

附录 B　工程资料分类与归档保存表

类别编号	工程资料名称	表格编号	归档保存单位			
			施工	监理	建设	档案馆
施工试验资料 C6	轿厢平层准确度测量记录	表 C6-49	●	○	●	
	电梯层门安全装置检验记录	表 C6-50	●	○	●	●
	电梯电气安全装置检验记录	表 C6-51	●	○	●	
	电梯整机功能检验记录	表 C6-52	●	○	●	●
	电梯主要功能检验记录	表 C6-53	●	○	●	
	电梯负荷运行试验记录	表 C6-54	●	○	●	●
	电梯负荷运行试验曲线图	表 C6-55	●	○	●	
	电梯噪声测试记录	表 C6-56	●	○	●	
	自动扶梯、自动人行道安全装置检验记录（一）～（二）	表 C6-57	●	○	●	
	自动扶梯、自动人行道整机性能、运行试验记录	表 C6-58	●	○	●	●

注：1. ●为归档保存资料；○为过程控制保存资料，可根据需要归档保存。

　　2. 国家大型重点重大工程，城建档案馆可根据需要增加归档保存的内容。

　　3. 电梯工程的施工试验资料 C6 仍保留北京市地方标准《建筑工程资料管理规程》（DBJ 01—2003）相关的表格，不作变动。

附录 C 建筑安装工程分部（子分部）工程划分与代号表

分部工程代号	分部工程名称	子分部工程代号	子分部工程名称	分项工程名称	备注
05	建筑给水排水及采暖	01	室内给水系统	给水管道及配件安装、室内消火栓系统、给水设备安装、管道防腐、绝热	
		02	室内排水系统	排水管道及配件安装、雨水管道及配件安装	
		03	室内热水供应系统	管道及配件安装、辅助设备安装、防腐、绝热	
		04	卫生器具安装	卫生器具安装、卫生器具给水配件安装、卫生器具排水管道安装	
		05	室内采暖系统	管道及配件安装、辅助设备及散热器安装、金属辐射板安装、低温热水地板辐射采暖系统安装、系统水压试验及调试、防腐、绝热	
		06	室外给水管网	给水管道安装、消防水泵接合器及室外消火栓安装、管沟及井室	
		07	室外排水管网	排水管道安装、排水管沟与井池	
		08	室外供热管网	管道及配件安装、系统水压试验及调试、防腐、绝热	
		09	建筑中水系统及游泳池系统	建筑中水系统管道及辅助设备安装、游泳池水系统安装	
		10	供热锅炉及辅助设备安装	锅炉安装、辅助设备及管道安装、安全附件安装、烘炉、煮炉和试运行、换热站安装、防腐、绝热	
		11	自动喷水灭火系统	消防水泵和稳压泵安装、消防水箱安装和消防水池施工、消防气压给水设备安装、消防水泵接合器安装、管网安装、喷头安装、报警阀组安装、其他组件安装、系统水压试验、压试验、冲洗、水源测试、消防水泵调试、稳压泵调试、报警阀组调试、排水装置调试、联动试验	
		12	气体灭火系统	灭火剂储存装置的安装、选择阀及信号反馈装置安装、阀驱动装置安装、灭火剂输送管道安装、喷嘴安装、预制灭火系统安装、控制组件安装、系统调试	
		13	泡沫灭火系统	消防泵的安装、泡沫液储罐的安装、泡沫比例混合器的安装、管道阀门和泡沫消火栓的安装、泡沫产生装置的安装、系统调试	
		14	固定水炮灭火系统	管道及配件安装、设备安装、系统水压试验、系统调试	

分部工程代号	分部工程名称	子分部工程代号	子分部工程名称	分项工程名称	备注
06	建筑电气	01	室外电气	架空线路及杆上电气设备安装，变压器、箱式变电所安装，成套配电柜、控制柜（屏、台）和动力、照明配电箱（盘）及控制柜安装，电线、电缆导管和线槽敷设，电线、电缆穿管和线槽敷设，电缆头制作、导线连接和线路电气试验，建筑物外部装饰灯具、航空障碍标志灯和庭院路灯安装，建筑照明通电试运行，接地装置安装	
		02	变配电室	变压器、箱式变电所安装，成套配电柜、控制柜（屏、台）和动力、照明配电箱（盘）安装，裸母线、封闭母线、插接式母线安装，电缆沟内和电缆竖井内电缆敷设，电缆头制作、导线连接和线路电气试验，接地装置安装，避雷引下线和变配电室接地干线敷设	
		03	供电干线	裸母线、封闭母线、插接式母线安装，桥架安装和桥架内电缆敷设，电缆沟内和电缆竖井内电缆敷设，电线、电缆导管和线槽敷设，电线、电缆穿管和线槽敷线，电缆头制作、导线连接和线路电气试验	
		04	电气动力	成套配电柜、控制柜（屏、台）和动力、照明配电箱（盘）及安装，低压电动机、电加热器及电动执行机构检查、接线，低压电气动力设备检测、试验和空载试运行，桥架安装和桥架内电缆敷设，电线、电缆导管和线槽敷设，电线、电缆穿管和线槽敷线，电缆头制作、导线连接和线路电气试验，插座、开关、风扇安装	
		05	电气照明安装	成套配电柜、控制柜（屏、台）和动力、照明配电箱（盘）安装，电线、电缆导管和线槽敷设，电线、电缆导管和线槽敷线，槽板配线，钢索配线，电缆头制作、导线连接和线路电气试验，普通灯具安装，专用灯具安装，插座、开关、风扇安装，建筑照明通电试运行	
		06	备用和不间断电源安装	成套配电柜、控制柜（屏、台）和动力、照明配电箱（盘）安装，柴油发电机组安装，不间断电源的其他功能单元安装，裸母线、封闭母线、插接式母线安装，电线、电缆导管和线槽敷设，电线、电缆导管和线槽敷线，电缆头制作、导线连接和线路电气试验，接地装置安装	
		07	防雷及接地安装	接地装置安装，避雷引下线和变配电室接地干线敷设，建筑物等电位联结，接闪器安装	

分部工程代号	分部工程名称	子分部工程代号	子分部工程名称	分项工程名称	备注
07	智能建筑	01	通信网络系统	通信系统、卫星及有线电视系统、公共广播系统	
		02	办公自动化系统	计算机网络系统、信息平台及办公自动化应用软件、网络安全系统	
		03	建筑设备监控系统	空调与通风系统、变配电系统、照明系统、给排水系统、热源和热交换系统、冷冻和冷却系统、电梯和自动扶梯系统、中央管理工作站与操作分站、子系统通信接口	
		04	火灾报警及消防联动系统	火灾和可燃气体探测系统、火灾报警控制系统、消防联动系统	
		05	安全防范系统	电视监控系统、入侵报警系统、巡更系统、出入口控制（门禁）系统、停车管理系统	
		06	综合布线系统	缆线敷设和终接、机柜、机架、配线架的安装、信息插座和光缆芯线终端的安装	
		07	智能化集成系统	集成系统网络、实时数据库、信息安全、功能接口	
		08	电源与接地	智能建筑电源、防雷及接地	
		09	环境	空间环境、室内空调环境、视觉照明环境、电磁环境	
		10	住宅（小区）智能化系统	火灾自动报警及消防联动系统、安全防范系统（含电视监控系统、入侵报警系统、巡更系统、门禁系统、楼宇对讲系统、住户对讲呼救系统、停车管理系统）、物业管理系统（多表现场计量及与远程传输系统、建筑设备监控系统、公共广播系统、小区网络及信息服务系统、物业办公自动化系统）、智能家庭信息平台	
08	通风与空调	01	送排风系统	风管与配件制作；部件制作；风管系统安装；空气处理设备安装；消声设备制作与安装，风管与设备防腐；风机安装；系统调试	
		02	防排烟系统	风管与配件制作；部件制作；风管系统安装；防排烟风口、常闭正压风口与设备安装；风管与设备防腐；风机安装；系统调试	
		03	除尘系统	风管与配件制作；部件制作；风管系统安装；除尘器与排污设备安装；风管与设备防腐；风机安装；系统调试	
		04	空调风系统	风管与配件制作；部件制作；风管系统安装；空气处理设备安装；消声设备制作与安装，风管与设备防腐；风机安装；风管与设备绝热；系统调试	

分部工程代号	分部工程名称	子分部工程代号	子分部工程名称	分项工程名称	备注
08	通风与空调	05	净化空调系统	风管与配件制作；部件制作；风管系统安装；空气处理设备安装；消声设备制作与安装；风管与设备防腐；风机安装；风管与设备绝热；高效过滤器安装；系统调试	
		06	制冷设备系统	制冷机组安装；制冷剂管道及配件安装；制冷附属设备安装；管道及设备的防腐与绝热；系统调试	
		07	空调水系统	管道冷热（煤）水系统安装；冷却水系统安装；冷凝水系统安装；阀门及部件安装；冷却塔安装；水泵及附属设备安装；管道与设备的防腐与绝热；系统调试	
09	电梯	01	电力驱动的曳引式或强制式电梯安装工程	设备进场验收，土建交接检验，驱动主机，导轨，门系统，轿厢，对重（平衡重），安全部件，悬挂装置，随行电缆，补偿装置，电气装置，整机安装验收	
		02	液压电梯安装工程	设备进场验收，土建交接检验，液压系统，导轨，门系统，轿厢，平衡重，安全部件，悬挂装置，随行电缆，电气装置，整机安装验收	
		03	自动扶梯自动人行道安装工程	设备进场验收，土建交接检验，整机安装验收	

参 考 文 献

[1] 国家标准. 建筑工程施工质量验收统一标准（GB 50300—2001）. 北京：中国建筑工业出版社，2001. 11.

[2] 国家标准. 建筑给水排水及采暖工程施工质量验收规范（GB 50242—2002）. 北京：中国建筑工业出版社，2002. 3.

[3] 国家标准. 通风与空调工程施工质量验收规范（GB 50243—2002）. 北京：中国计划出版社，2002. 3.

[4] 国家标准. 建筑电气工程施工质量验收规范（GB 50303—2002）. 北京：中国计划出版社，2002. 5.

[5] 国家标准. 电梯工程施工质量验收规范（GB 50310—2002）. 北京：中国建筑工业出版社，2002. 5.

[6] 建设部城建档案工作办公室主编. 建设工程文件归档整理规范. 北京：中国建筑工业出版社，2002. 6.

[7] 北京市建设工程质量监督总站，北京市建设监理协会主编. 北京市地方标准《建筑工程资料管理规程》（DBJ 01—51—2003）. 2003. 2.

[8] 蔡高金主编. 建筑安装工程施工技术资料管理实例应用手册. 北京：中国建筑工业出版社，2003. 6.

[9] 国家标准. 智能建筑工程质量验收规范（GB 50339—2003）. 北京：中国建筑工业出版社，2003. 9.

[10] 张元勃. 建筑工程资料管理. 北京：中国市场出版社，2004. 3.

[11] 北京土木建筑学会主编. 建筑工程资料表格填写范例. 北京：经济科学出版社，2005. 3.

[12] 游浩主编. 建筑工程检验批项目验收速查手册. 北京：中国电力出版社，2005. 4.

[13] 中华人民共和国建设部主编. 建设项目工程总承包管理规范. 北京：中国建筑工业出版社，2005. 7.

[14] 筑龙网主编. 施工资料C类表格填写范例. 北京：中国电力出版社，2006. 1.

[15] 张立新主编. 建筑电气工程施工管理手册. 北京：中国电力出版社，2005. 4.

[16] 张立新主编. 机电安装工程技术资料表格填写范例. 北京：中国建筑工业出版社，2007. 7.

[17] 北京市住房和城乡建设委员会，北京市建设监理协会，北京市城建档案馆主编. 北京市地方标准《建筑工程资料管理规程》（DB 11/T 695—2009）. 2010. 4.